中华经典名著

全本全注全译丛书

叶蓓卿◎译注

列子

中華書局

图书在版编目(CIP)数据

列子/叶蓓卿译注. —北京:中华书局,2011.5(2023.6 重印)
(中华经典名著全本全注全译丛书)
ISBN 978-7-101-10911-5

Ⅰ.列… Ⅱ.叶… Ⅲ.①道家②《列子》-译文③《列子》-注释 Ⅳ.B223.2

中国版本图书馆 CIP 数据核字(2015)第 075449 号

书　　名　列　子
译 注 者　叶蓓卿
丛 书 名　中华经典名著全本全注全译丛书
责任编辑　刘胜利
责任印制　陈丽娜
出版发行　中华书局
(北京市丰台区太平桥西里 38 号　100073)
http://www.zhbc.com.cn
E-mail:zhbc@zhbc.com.cn
印　　刷　北京中科印刷有限公司
版　　次　2011 年 5 月第 1 版
2015 年 5 月第 2 版
2023 年 6 月第 18 次印刷
规　　格　开本/880×1230 毫米　1/32
印张 8¼　字数 160 千字
印　　数　106001-116000 册
国际书号　ISBN 978-7-101-10911-5
定　　价　24.00 元

目 录

前言

列子，名御寇，亦作“圄寇”、“圉寇”，战国郑人。据《汉书·古今人表》，列子在韩景侯、魏武侯之间。钱穆在《先秦诸子系年》中认为，列子生卒年份当为公元前450年至公元前375年，先于庄子，故多为《庄子》所称引。

列子确有其人。《汉书·艺文志》道家类载《列子》八篇，并自注：“名圄寇，先庄子，庄子称之。”但今所传《列子》一书历来争议颇多，大体上被认为并非列子自著，而是后世伪托之作。就具体成书年代而言，大部分学者主张今本《列子》出于魏晋。如钱大昕《十驾斋养新录》卷八云：“《列子》书晋时始行，恐即晋人依托。”姚鼐《跋列子》称张湛作假的可能性很大：“《列子》出于张湛，安知非湛有矫入者乎？”俞正燮说《列子》乃“晋人王浮、葛洪以后书”（《癸巳存稿》卷十），何治运亦以《列子》为魏晋伪书（见《书列子后》），李慈铭甚至怀疑《列子》中的部分内容出于张湛之后（见《越缦堂日记》光绪甲申十二月初七日），马叙伦更是列举二十事以辨《列子》之伪，杨伯峻则从汉语史的角度鉴定《列子》成书于魏晋，陈三立、梁启超、吕思勉、钱锺书等也均主张《列子》成书于魏晋。此外，还有部分学者或以为《列子》始于先秦，或忽略《列子》的具体起始年代，但也都认为《列子》中大部分内容是由后世增补而成。柳宗元怀疑《列子》一书“多增窜，非其实”，只是在总体上仍然认为《列子》

“少伪作”(见《辨列子》)。朱熹《观列子偶书》说《列子》中剽掠之处颇多。高似孙和叶大庆都以为《列子》中部分内容由后世荟萃增益而来。黄震怀疑《列子》乃是“杂出于诸家”,未必为真本(《黄氏日钞》卷五十五)。宋濂在《诸子辨》中说“书本黄老言,决非御寇所自著,必后人会萃而成者”。姚际恒也指出今本《列子》基本为后人附益,“然意战国时本有其书,或庄子之徒依托为之者;但自无多,其馀尽后人所附益也”,并连同刘向的《列子新书目录》亦视为伪作(见《古今伪书考》)。持此观点的还有吴德旋、光聪谐等。

今本《列子》所附的刘向《列子新书目录》和张湛《列子序》均言《列子》八篇,与《汉书·艺文志》所载同。古书在流传过程中有所损益是较为普遍的现象,因而常常出现不同的版本。若《列子》先秦已有,流传到魏晋时仍为八篇,而刘序所列的篇目名称及排列顺序又与今本八篇完全相同,那么刘向的《列子新书目录》就很值得怀疑,不能排除是伪托者按照《汉志》有《列子》八篇的记载而广为拾掇,凑足篇目,并伪作刘向序以掩人耳目的可能。

张湛《列子序》曰:“《列子》八篇……属辞引类,特与《庄子》相似。《庄子》、《慎到》、《韩非》、《尸子》、《淮南子》、《玄示》、《旨归》多称其言,遂注之云尔。”既然张湛谓《列子》一书多为《庄子》所称引,那么《庄子·天下》篇为何不对列子一派进行总结?另外,《荀子·非十二子》中也未见对列子的评述。若《慎到》、《韩非子》等典籍均援引《列子》,那么对于这样一本流传甚广、影响颇深、又被广为转引的著作,志在“究天人之际,通古今之变”的司马迁如何又会不置一辞呢?

先秦时盖有列子一派,亦应有其作品流传,《汉书·艺文志》所载《列子》八篇,东汉之初大约尚存。但因限于篇幅,司马迁无法详细论述道家的各个流派,故而只能选取其中最具代表性的老、庄,为其立传。司马迁以老子“深远”,说其所贵道“虚无,因应变化于无为”,并将其与申、韩同传,勾勒出道、法两家嬗变传承之关系。又附庄子,盖看重其

“洸洋自恣以适己”的修身处世之道，还特意列举楚威王聘庄子为相的故事。至《汉书·艺文志》，总结道家思想，认为大体上不过是“知秉要执本，清虚以自守，卑弱以自持，此君人南面之术”和“放者为之，则欲绝去礼学，兼弃仁义”两个支流，前者即黄老，偏于治术，后者言庄子，重在修身。这样看来，司马迁的安排选取颇有见地。位于老子和庄子之间的列子，可能因其主张不够鲜明，亦不足以承上启下，故被司马迁舍弃。

笔者认为，今本《列子》保存了包括古本《列子》佚文在内的若干先秦文献资料，此外也有一部分内容为后世附益而成，应当是由魏晋人在《列子》佚文的基础上多方杂取编订成书。观今本《列子》，其文法宏妙、首尾呼应又自成一体，篇章之间逻辑线索排布较为清晰，基本应成于一人之手，但亦有少部分属于后人补撰。

《天瑞》篇可谓《列子》全书基石，该篇宗旨在其他篇章中多有转承，连缀成体。“虚”是道家的核心思想，《汉书·艺文志》说道家“清虚以自守”，老庄都以虚静为本。《尸子·广泽》、《吕氏春秋·不二》亦以为列子贵虚，因而“至虚”确实应当是列子一派的思想主张，这也就使后世伪托者有所凭借。《天瑞》篇中即借列子之口言贵虚之理：“或谓子列子曰：‘子奚贵虚？’列子曰：‘虚者无贵也。’子列子曰：‘非其名也，莫如静，莫如虚。静也虚也，得其居矣；取也与也，失其所矣。’”但《天瑞》篇并未对此展开深入论述，而由“至虚”生发出来的修身之道，则充分体现在《黄帝》篇和《仲尼》篇中。

唐卢重玄解《黄帝》篇曰：“此明忘形养神，从玄默以发真智。始其养也，则遗万有而内澄心；发其智，则化含生以外接物。”该篇主要谈养生之道，养生必先遗形忘有，保持内心的澄澈明静，方可顺自然之理，得生性之极。黄帝梦见华胥国之民“不知乐生，不知恶死，故无夭殇；不知亲己，不知疏物，故无爱憎；不知背逆，不知向顺，故无利害”，怡然而得养身治物之道。列子不知彼我是非利害，内外尽矣，五官都同，心凝形释，骨肉都融，而后可以履虚乘风。商丘开心无迕逆，故入火不焦，投水不溺。再如列子之齐、杨朱过宋、纪渻子斗鸡等寓言所喻，养生修身还应当无矜夸之心，去自贵之容。

《仲尼》篇与《黄帝》篇相呼应，亦承至虚无为之旨，如张湛题注云："智者不知而自知者也。忘智故无所知，用智则无所能。知体神而独运，忘情而任理，则寂然玄照者也。"但与《黄帝》篇偏重个人养生不同的是，《仲尼》篇更关注如何处世，如何依循"道"来调谐内心与外物的关系。首先，得让内心保持虚静澄明，譬如龙叔那般"方寸之地虚矣"，誉不以为荣，毁不以为辱，得失、哀乐、穷达、贫富皆不入怀；然后，"体合于心，心合于气，气合于神，神合于无"，无需借助心腹、四肢、六藏、七窍，而能感知介然之形、唯然之音，所谓"有易于内者无难于外"。亦即文中孔子所言"无乐无知，是真乐真知"，抑或像西方圣者那般"不治而不乱，不言而自信，不化而自行"。

《天瑞》篇认为万物的本原在于"不生不化者"。"不生不化者"时时刻刻都在生育化养万物，而其自身则往复无际、不可终穷，即老子所谓"独立不改，周行而不殆"(《老子》二十五章)。由"生生者"、"化化者"所生化出的"生者"、"化者"，皆有生有死，"有生则复于不生，有形则复于无形。不生者，非本不生者也；无形者，非本无形者也。生者，理之必终者也。终者不得不终，亦如生者之不得不生"。推而论之，人的生命也是有其始亦有其终。在《天瑞》篇作者看来，死不过是"精神离形，各归其真"，生与死都是人生最为自然的组成部分，"人自生至终，大化有四：婴孩也，少壮也，老耄也，死亡也"(《天瑞》)。之后，作者以孔子游泰山、林类百岁、子贡厌学等寓言，反复言说"死之与生，一往一返"的道理。

"生者不能不生，化者不能不化"，又"终者不得不终，亦如生者之不得不生"，《列子》认为，冥冥之中自有定数，世间万物皆不得不尔，故《力命》篇一推天命。此篇第一则寓言写力与命争功，命曰："既谓之命，奈何有制之者邪？朕直而推之，曲而任之。自寿自夭，自穷自达，自贵自贱，自富自贫，朕岂能识之哉？朕岂能识之哉？"连命都不认为是自己在制约万物，无论夭寿穷达，还是贵贱贫富，都是自然而然、不得不然的。生命也不会因为贵之贱之而或寿或夭，身体也不会因为爱之轻之而或强或弱，故“贵之或不生，贱之或不死；爱之或不厚，轻之或不薄”。既然生死贵贱已定于命，那么人们如何才能安之若命呢？《杨朱》篇对此作出了回答。

在哲学基础及修身之术上，《列子》与老庄并无二致，但论及面对生死的态度时，《列子》却似歧路亡羊，与上述二家渐行渐远。庄子坦然面对生死：“生也死之徒，死也生之始，孰知其纪！人之生，气之聚也；聚则为生，散则为死。若死生为徒，吾又何患！”（《庄子·知北游》）甚至认为活着实在是一种痛苦，反倒不如死了快乐：“死，无君于上，无臣于下；亦无四时之事，从然以天地为春秋，虽南面王乐，不能过也。”（《庄子·至乐》）面对生死的困惑，庄子的解决途径是“齐生死”，“以死生为一条，以可不可为一贯”（《庄子·德充符》），最终以逍遥的心境超越生死的局限，“若夫乘天地之正，而御六气之辩，以游无穷者，彼且恶乎待哉！”（《庄子·逍遥游》）奈何世人终究不是至人、神人、圣人，又有谁能无所待呢？

《列子》反对贵身长生，从而否定了老子的“深根固柢，长生久视”（《老子》五十九章），也否定了庄子超越生死的逍遥。《杨朱》篇说：“孟孙阳问杨子曰：‘有人于此，贵生爱身，以蕲不死，可乎？’曰：‘理无不死。’‘以蕲久生，可乎？’曰：‘理无久生。生非贵之所能存，身非爱之所能厚。且久生奚为？’……杨子曰：‘不然。既生，则废而任之，究其所欲，以俟于死。将死，则废而任之，究其所之，以放于尽。无不废，无不任，何遽迟速于其间乎？’”在“究其所欲”之前，首先要破除名实的局限，为自己的行为在理论上找到合理性。《杨朱》篇第一则寓言就说“实无名，名无实。名者，伪而已矣”，认为凡俗之人为了浮世虚名苦身焦心，实不可取。此后两则寓言再借杨朱之口阐明“死后之名非所取”的道理。当然，《杨朱》篇对于“名”并非一味否定，取舍的边界在于是否会因名累实、伤生害性。“今有名则尊荣，亡名则卑辱。尊荣则逸乐，卑辱则忧苦。忧苦，犯性者也；逸乐，顺性者也。……但恶夫守名而累实。守名而累实，将恤危亡之不救，岂徒逸乐忧苦之间哉？”既然人生终归一死，与其清心寡欲，戚戚然活至百岁千岁，不若纵一身之乐，熙熙然度过一月一年。故曰：《杨朱》一篇，唯贵放逸。

老子祈求长生、庄子混同生死，《列子》则认为，万物出于机，入于机，生则顺之，死则捐之，踏踏实实地落在人间，不求任何虚幻。身前则顺心从欲，不留任何遗憾；死后亦不求珠玉陪葬，一抔黄土掩风流。“生年不满百，常怀千岁忧”，面对充满忧患苦痛的短暂人生，汉末文人要么秉烛夜游，要么登踞要津；到了魏晋时代，看遍了名士少有全者的惨剧，尝尽了人世离合的悲喜无常，士人不再以立德、立功、立言为不朽，他们飘飘然地追求着虚幻的逍遥之境，对生命的忧思也渐渐蜕化成了无所顾忌的肆欲享乐。

天命的无常与神秘加深了人们的困惑，《力命》篇所谓：“不知所以然而然，命也。今昏昏昧昧，纷纷若若，随所为，随所不为。日去日来，孰能知其故？皆命也夫。”人生如梦的幻觉油然而生。于是，有生之气，有形之状，皆成幻化：“造化之所始，阴阳之所变者，谓之生，谓之死。穷数达变，因形移易者，谓之化，谓之幻。造物者其巧妙，其功深，固难穷难终。因形者其巧显，其功浅，故随起随灭。知幻化之不异生死也，始可与学幻矣。”(《周穆王》)既然一切皆由造物者摆布，或生或死，随起随灭，如梦如幻，何不学阳里华子坐忘，无存亡、得失、哀乐、好恶之乱心；或如秦人之子迷罔，有天地、四方、水火、寒暑之倒错。世人皆惑于是非、昏于利害，又何以辨别孰为清醒、孰为迷惘呢？正所谓“生觉与化梦等情”，才是《周穆王》篇真正想要说明的至理。

看清了世事无常，参透了生命的忽来暂往，在所有理想与信念统统破灭之后，道家传统的虚静无为最终幻化成虚妄与荒诞，从背道而驰的迷途绕回到最初“以至虚为宗”的源头。

《汤问》和《说符》两篇，似与“至虚”的主旨关系不大。它们的存在，使《列子》总体思想变得驳杂微妙，也为全书平添了别样风情。张湛于《汤问》篇题注曰：“夫智之所限，知莫若其所不知；而世齐所见以限物，是以大圣发问，穷理者对也。”《汤问》篇试图帮助人们突破自身知识的局限，去认识更为广阔的世界。“殷汤问于夏革”，言说宇宙的无极无限，而后又谈起四海之外的奇闻趣事。合观后文“南国之人祝发而裸”以及“锟铻剑”、“火浣布”等寓言传说，恰如《山海经》一般波谲云诡。“偃师造倡”、“薛谭学讴”、“扁鹊换心”等寓言亦是恢奇怪诞，与魏晋时《神异经》、《博物志》等志怪小说如出一辙。至于“大禹治水失途终北”中所描述的境界，则堪称后世桃花源记之祖本。“来丹复仇”，宛如《搜神记》里《三王墓》的故事。而“愚公移山”、“夸父追日”、“小儿辩日”等寓言，更是耳熟能详、妇孺皆知的常典故识。世界之大，即使博学如孔丘，尚有所不知，世俗之人囿于一己之见而闭目塞听，岂不谬乎？

末篇《说符》，指出世间万物看似纷纭复杂、乱无头绪，但其背后却往往暗藏着某种可循的规律。“符”有“符信”、“符验”之意，可以通过对“符”的解说分析，对暗藏的规律加以洞察体悟。如张湛在该篇题注中所言：“夫事故无方，倚伏相推，言而验之者，摄乎变通之会。”当然，这种“符验”只有圣人才能准确地加以把握体察。《说符》篇第一则寓言，列子学持后之道，关尹谓之曰：“慎尔言，将有和之；慎尔行，将有随之。是故圣人见出以知入，观往以知来，此其所以先知之理也。”后则“列子学射”的寓言亦云圣人能够“不察存亡而察其所以然”。然道术精微难察，世人往往不解。列子穷困而拒子阳之食，其妻拊心质问，列子一语道破，“君非自知我也。以人之言而遗我粟，至其罪我也，又且以人之言，此吾所以不受也”。不久子阳果然死于民乱。宋有行仁义之家，父子先后失明，而孔子仍以为吉兆，后父子因疾幸免于战乱，不久又自动复明。此类寓言，于篇中不胜枚举。

纵观《列子》全书，虽系晚出，却不能因此抹煞其文学价值。刘勰

《文心雕龙·诸子》称："列御寇之书，气伟而采奇。"柳宗元《辨列子》谓："其文辞类庄子，而尤质厚，少伪作，好文者可废耶？"陈景元《列子冲虚至德真经释文序》赞《列子》曰："辞旨纵横，若木叶干壳，乘风东西，飘飘乎天地之间，无所不至。"高守元《冲虚至德真经四解序》对《列子》亦推崇备至："《庄》、《列》二书羽翼老氏，犹孔门之有颜孟。微言妙理启迪后人，使黄帝之道粲然复见，功不在颜孟之下。"洪迈《容斋续笔》云："《列子》书事简劲宏妙，多出《庄子》之右。"陈三立《读列子》说："吾读列子，恣睢诞肆过庄周；然其词隽，其于义也狭，非庄子伦比。"钱锺书对《列子》的文采评价亦颇高："列之文词逊庄之奇肆飘忽，名理逊庄之精微深密，而寓言之工于叙事，娓娓井井，有伦有序，自具一日之长。即或意出挦扯，每复语工熔铸。……能赝作《列子》者，其手笔驾曹、徐而超嵇、陆，论文于建安、义熙之间，得不以斯人为巨擘哉？"(《管锥编》第二册)

历代论家往往将《列子》与《庄子》并称，或抑或扬，偏好不同。其实《列子》、《庄子》二书各有轩轾：《庄子》汪洋恣肆，辨理精深，"逍遥"、"齐物"等命题足以慧泽千秋；而《列子》在理论上虽然建树不多，但其寓言语工句琢而意味深长。《列子》中有许多寓言同于《庄子》，如"列姑射山神人"、"周宣王之牧正"、"津人操舟若神"等，但相比之下，《列子》之文情节更加完整，论述也更为充分，似是伪作者在庄子原文基础上踵事增华而成。《庄子》擅长造境，恢奇壮阔，如梦似幻。《列子》寓言固然少了几分诗意，却更长于叙事，恰如洪迈所言"《列子》书事简劲宏妙，多出《庄子》之右"(《容斋续笔》卷十二)。《列子》常将说理与叙事融为一体，如"纪昌学射"先言学射之法，所谓"尔先学不瞬，而后可言射矣"，后纪昌欲弑师以为天下第一，师徒比试不分高下，遂相泣而拜请为父子。此则寓言在结构上开端、发展、高潮、终结四个阶段十分完整，人物形象初备，情节跌宕起伏，引人入胜，颇有小说家笔法。"来丹复仇"自来丹为父报仇引入，再言其求孔周之剑，遂由孔周描述了三把宝剑各自的绝妙之处，而当读者以为来丹复仇即将得手之际，却又揭露此等绝世宝剑本不能杀人。故事一波二折，神乎其神，且结局出乎意料，从而使“物之至精者亦无伤”（张湛注）的道理不言而自见。《说符》篇中白公胜虑乱，贯颐流血，足蹶株坎，头抵植木而不自知，正如《世说新语》中的故事一般，短小精悍却又耐人寻味。《列子》寓言不但继承了先秦寓言善于说理的长处，在叙事上更胜一筹，诸多篇目有小说化的倾向，置之魏晋志人志怪小说中亦是淄渑难辨。

今本《列子》最早的注本是东晋张湛《列子注》，唐卢重玄《列子注》和宋林希逸《列子口义》也各有千秋。今人注本可供参考的有杨伯峻《列子集释》和严北溟、严捷《列子译注》，其中杨伯峻《列子集释》汇集张湛、卢重玄、陈景元等人的注解及释文，并在附录中辑录了历代有价值的序论和辨伪文字，校勘之精当、训释之准确、资料之详尽，堪称《列子》注本集大成者，无论是初学者还是专业研究者，必当读之。

本次注释以中华书局1979年版新编诸子集成所收的杨伯峻《列子集释》为底本，并充分吸收借鉴了古人与今人的研究成果，见识浅薄，愿就正于大方之家。

叶蓓卿

2011年1月

天　瑞

【题解】

天瑞，意谓天地之灵瑞，自然之符应，即文中提到的“不生不化者”。作者认为，世间万物皆有始有终，唯有“不生不化者”，亦即“道”，才能够循环往复、独立永存。“不生不化者”是世界产生与变化的本原。它最初无形无象，历经太易、太初、太始、太素四个阶段，形成“浑沦”，再由“视之不见，听之不闻，循之不得”的“易”衍变为有形的“一”，最终生成天地万物。列子道逢百岁髑髅，顺此言明“万物皆出于机，皆入于机”。一切缘自“道”，然而却并非“道”有意为之，天地万物只是自然而然地变化运转，生息盈亏。

文中寓言与议论迭出，《黄帝书》视死如归，荣启期安贫乐终；林类行歌，不以营生为惑；孔子赞死，晓谕天下失家；又有杞人忧天，向氏为盗。凡此种种，恰如张湛《列子序》所言：“大略明群有以至虚为宗，万品以终灭为验。”有形之物诞生、消亡，其暂行于世而终归虚无。人生亦复如是，从婴孩、少壮、老耄直至死亡，性命本非吾有，生死不过往来。

《吕氏春秋·不二》与《尸子·广泽》皆载“列子贵虚”，但依《天瑞》，列子自认“虚者无贵”。彻底的虚，必定有无两忘，消融了所有差别，也就无所谓轻重贵贱。万物自天成，盗者本无心，光阴若逆旅，生死不及情，是为《天瑞》大意，亦即《列子》全书纲领。

子列子居郑圃[①]，四十年人无识者。国君卿大夫眎之[②]，犹众庶也。国不足[③]，将嫁于卫[④]。弟子曰："先生往无反期[⑤]，弟子敢有所谒[⑥]，先生将何以教？先生不闻壶丘子林之言乎[⑦]？"

子列子笑曰："壶子何言哉？虽然，夫子尝语伯昏瞀人[⑧]，吾侧闻之，试以告女[⑨]。其言曰：有生不生[⑩]，有化不化[⑪]。不生者能生生[⑫]，不化者能化化[⑬]。生者不能不生，化者不能不化，故常生常化。常生常化者，无时不生，无时不化。阴阳尔[⑭]，四时尔，不生者疑独[⑮]，不化者往复。往复，其际不可终；疑独，其道不可穷。《黄帝书》曰[⑯]：谷神不死[⑰]，是谓玄牝[⑱]。玄牝之门，是谓天地之根。绵绵若存，用之不勤[⑲]。故生物者不生，化物者不化。自生自化，自形自色，自智自力，自消自息。谓之生化、形色、智力、消息者[⑳]，非也。"

【注释】

①子列子：列子弟子对列子的尊称。后一个"子"字表示有德之人，前一个"子"字为古代弟子对老师的尊称。郑圃：郑国的圃田，一作"甫田"，在今河南中牟西。

②眎：古"视"字。

③国不足：国家遭受饥荒之年。

④嫁：往。

⑤反：同"返"，返回。

⑥敢：自言冒昧之词。谒（yè）：拜谒，请教。

⑦壶丘子林：复姓壶丘，名林，郑国人，列子的老师。一说，壶丘子林为虚构人物。

⑧伯昏瞀（mào）人：即伯昏无人，复姓伯昏，列子的朋友，同学于壶

丘子林。瞀人，愚人。

⑨女（rǔ）：通“汝”，你。

⑩生：指有形体的事物。不生：生成他物而自身不被他物所生成，实指世界本原，即“道”。

⑪化：指有存亡变化的事物。不化：使他物变化而自身不被他物所化，亦指世界本原。

⑫生生：产生事物。

⑬化化：使事物发生变化。

⑭尔：指示代词，如此。

⑮疑独：固定不变而独立永存。疑，停止、不变。一说，“不敢决言以明深妙者也”（卢重玄说）。

⑯《黄帝书》：战国时期阐发老子学说的道家著作。

⑰谷神：指空虚无形神妙莫测的“道”。谷，山谷一样的空虚。神，神秘莫测。

⑱玄牝（pìn）：指幽深的产生万物的“道”。玄，幽远深妙。牝，鸟兽中的雌性。此处指雌性生殖器官。

⑲勤：尽，停息。

⑳生化、形色、智力、消息：此八字均是动词。消，衰亡消灭。息，生长。

【译文】

列子居住在郑国圃田，四十年来没有人赏识他。郑国的国君、卿、大夫看待他，就像看待普通老百姓一样。郑国发生饥荒，列子就打算到卫国去。他的弟子说：“先生这一去不知何时才能归来，弟子冒昧地请教，先生将用什么来教导我们呢？先生不曾听闻壶丘子林先生的言谈吗？”

列子笑着说：“壶丘先生哪里说过些什么呢？即便如此，先生曾经对伯昏瞀人说过一番话，我在一旁听见了，现在试着将它告诉你们。他说：那产生万物的，自身却不被他物所生；那化育万物的，自身却不被他物所化。不被产生的，能够产生出万物；不被变化的，能够使万物变化。所有的产生是因为不得不产生，所有的变化是因为不得不变化，所以万物经常在产生也经常在变化。所谓经常产生经常变化，就是没有一刻不在产生，没有一刻不在变化。阴阳二气是这样，一年四季也是这样，那不被产生的，固定不变而独立永存；那不被化育的，循环往复而轮回始终。那循环往复的，它的边界没有终结；那独立永存的，它的规则不可穷尽。《黄帝书》说：空虚的神妙作用不会消逝，就叫做玄牝。玄牝的门户，就叫做天地的根源。它连绵不断若有若无，发挥作用永不止息。所以产生万物的，它自身不被产生；使万物变化的，它自身不被变化。万物是自然而然产生与变化，自然而然显现形状与色彩，自然而然运用智慧与力量，自然而然消亡与生长的。把这一切说成是刻意的产生、变化、显形、着色、运智、用力、消亡、生长，是错误的。”

子列子曰：“昔者圣人因阴阳以统天地。夫有形者生于无形，则天地安从生？故曰：有太易①，有太初②，有太始③，有太素④。太易者，未见气也；太初者，气之始也；太始者，形之始也；太素者，质之始也。气形质具而未相离，故曰浑沦⑤。浑沦者，言万物相浑沦而未相离也。视之不见，听之不闻，循之不得⑥，故曰易也。易无形埒⑦，易变而为一⑧，一变而为七，七变而为九⑨。九变者，究也⑩；乃复变而为一。一者，形变之始也。清轻者上为天，浊重者下为地，冲和气者为人⑪；故天地含精⑫，万物化生。”

【注释】

①太易：指尚未形成元气的阶段，即宇宙本原。太，极致。易，不断

变化而无穷滞。

②太初：指元气开始萌发的阶段。初，原始，开始。

③太始：指元气已经形成并具有一定形态的阶段。

④太素：指元气不仅有了形态而且有了固定的性质。

⑤浑沦：又作“浑沌”、“囫囵”，指天地开辟前浑然一体不可剖析的状态。

⑥循：抚摩。

⑦埒（liè）：界域。

⑧一：指天地开辟前元气形变的开始。

⑨一变而为七，七变而为九：指元气的变化。七、九，皆为阳数。“九”为极数，表示阴阳变化的最大限度。

⑩究：穷尽，终极。

⑪冲：通“中”。

⑫精：阴阳精气。

【译文】

列子说：“从前圣人凭借阴阳二气来统摄天地万物。有形态的事物是由无形态的事物产生的，那么天地是从哪里产生的呢？所以说：有太易，有太初，有太始，有太素。太易的阶段，元气尚未形成；太初的阶段，元气开始萌发；太始的阶段，元气已经形成，而且具有了一定的形态；太素的阶段，元气不仅有了形态，而且有了固定的性质。元气、形态、性质共同具备而未曾互相分离，所以叫做浑沦。所谓浑沦，就是说万物浑然一体，不可剖析、不可分离。看它看不见，听它听不见，摸它摸不着，所以叫做易。易没有形状与界限，易经过变化成为一，一经过变化成为七，七经过变化成为九。九，是变化的极限，所以重新经过变化成为一。一，是产生形态变化的开始。那清灵轻巧的，上升成为天，那浑浊厚重的，下沉成为地，阴阳二气，中和交会产生了人；所以天地间蕴含着阴阳精气，万物便由此化育生长。”

子列子曰："天地无全功，圣人无全能，万物无全用。故天职生覆，地职形载，圣职教化，物职所宜。然则天有所短，地有所长，圣有所否[1]，物有所通。何则？生覆者不能形载，形载者不能教化，教化者不能违所宜，宜定者不出所位。故天地之道，非阴则阳；圣人之教，非仁则义；万物之宜，非柔则刚：此皆随所宜而不能出所位者也。故有生者，有生生者[2]；有形者，有形形者；有声者，有声声者；有色者，有色色者；有味者，有味味者。生之所生者死矣，而生生者未尝终；形之所形者实矣，而形形者未尝有；声之所声者闻矣，而声声者未尝发；色之所色者彰矣，而色色者未尝显；味之所味者尝矣，而味味者未尝呈：皆无为之职也。能阴能阳，能柔能刚，能短能长，能员能方[3]，能生能死，能暑能凉，能浮能沉，能宫能商[4]，能出能没，能玄能黄[5]，能甘能苦，能膻能香[6]。无知也，无能也，而无不知也，而无不能也。"

【注释】

①否（pǐ）：《周易》中的卦名，原意指天地不交而万物不通，引申为阻塞、困滞。

②生生者：产生生命。前一个"生"字是动词，意为产生。此下"形形者"、"声声者"、"色色者"、"味味者"句法相同。

③员：同"圆"，圆形。

④宫、商：古代音乐术语，宫和商分别为五声音阶中的第一、第二音级。五声音阶为：宫、商、角、徵、羽。

⑤玄：带赤的黑色。

⑥膻：泛指臊气。

【译文】

列子说："天地没有完备的功效，圣人没有完备的能力，万物没有完备的用途。所以天的职责是覆育生命，地的职责是承载万物，圣人的职责是施行教化，万物的职能为各自的性质所规定。因此，天有短处，地有长处，圣人有困滞的时候，万物有通达的时候。为什么呢？因为覆育生命的天不能承载万物，承载万物的地不能施行教化，施行教化的圣人不能违逆事物的性质，事物的性质一旦确定就不能超出本位。所以天地的运行规律，不是阴就是阳；圣人的教化，不是仁就是义；万物的性质，不是柔就是刚：这些都是按照各自固有的性质而不能超越本位的。所以有生命，就有那产生生命的本原；有形状，就有那产生形状的本原；有声音，就有那产生声音的本原；有颜色，就有那产生颜色的本原；有滋味，就有那产生滋味的本原。生命所造就的生物死亡了，但产生生命的本原并没有终结；物体所呈现的形状是实在的，但产生形状的本原并没有形状；声音所发出的音响可以听见，但产生声音的本原并没有发声；色彩所产生的颜色彰著了，但产生颜色的本原并没有显示；滋味所产生的味道被品尝了，但产生滋味的本原并没有呈现：这都是无为的道的作用啊。它能够表现出阴的性质，也能够表现出阳的性质，它能够柔软，也能够刚强，能够短，也能够长，能够圆，也能够方，能够生，也能够死，能够热，也能够凉，能够上浮，也能够下沉，能够奏宫调，也能够奏商调，能够出现，也能够隐没，能够显现黑色，也能够显现黄色，能够甘甜，能够苦涩，能够膻臭，能够芳香。它没有知觉，没有能力，却又没有不知晓的，没有不能做到的。"

子列子适卫[①]，食于道，从者见百岁髑髅[②]。攓蓬而指[③]，顾谓弟子百丰曰："唯予与彼知而未尝生未尝死也。此过养乎[④]？此过欢乎？种有几[⑤]：若蛙为鹑[⑥]，得水为㡭[⑦]，得水土之际，则为蛙蠙之衣[⑧]。生于陵屯[⑨]，则为陵舄[⑩]。陵舄得郁栖[11]，则为乌足[12]。乌足之根为蛴螬[13]，其叶为胡蝶。胡蝶胥也化而为虫[14]，生灶下，其状若脱[15]，其名曰鸲掇[16]。鸲掇千日化而为鸟，其名曰乾馀骨[17]。乾馀骨之沫为斯弥[18]，斯弥为食醯颐辂[19]，食醯颐辂生乎食醯黄軦[20]，食醯黄軦生乎九猷[21]，九猷生乎瞀芮[22]，瞀芮生乎腐蠸[23]。羊肝化为地皋[24]，马血之为转邻也[25]，人血之为野火也。鹞之为鹯[26]，鹯之为布谷，布谷久复为鹞也。燕之为蛤也[27]，田鼠之为鹑也，朽瓜之为鱼也，老韭之为苋也[28]，老羭之为猨也[29]，鱼卵之为虫。亶爰之兽自孕而生曰类[30]。河泽之鸟视而生曰鶂[31]。纯雌其名大菁[32]，纯雄其名稚蜂[33]。思士不妻而感[34]，思女不夫而孕。后稷生乎巨迹[35]，伊尹生乎空桑[36]。厥昭生乎湿[37]，醯鸡生乎酒[38]。羊奚比乎不笋[39]，久竹生青宁[40]，青宁生程[41]，程生马，马生人，人久入于机[42]。万物皆出于机，皆入于机。”

【注释】

①适：往，到……去。

②从者：随行的人。一说，“从”应为“徒”，“徒”通“途”，与上句相连，“食于道徒”，“者”字为后人所加。百岁：极言年代久远。髑髅(dú lóu)：死人的头骨。

③攓(qiān)：拔。蓬：蓬草。

④过：“果”的假借字，果真。养：通“恙”，忧悲。

⑤种：种类。几：细微、隐微的变化。

⑥蛙：青蛙。鹑：鹌鹑。

⑦㡭(jì)：即续断，二年生或多年生草本，产于华北、华东各省。

⑧蛙蠙之衣：即青苔。

⑨陵屯:指高旱之地。
⑩陵舄(xì):即车前草。
⑪郁栖:粪壤。
⑫乌足:草名,未详。
⑬蛴螬(qí cáo):金龟子的幼虫,体白色,常弯成马蹄形,以植物的根、茎为食。
⑭胥:须臾,不久。
⑮脱:同“蜕”,谓好像刚蜕化了的皮壳似的。
⑯鸲(qú)掇:虫名,未详。
⑰乾馀骨:鸟名,即山鹊。
⑱沫:口中黏液。斯弥:虫名,或称为“米虫”。
⑲醯(xī):醋。颐辂(lù):虫名,即蜉蝣。
⑳黄軦(kuàng):虫名,未详。
㉑九猷(yóu):虫名,未详。
㉒瞀芮(mào ruì):即蚊子。
㉓蠸(quán):瓜中黄甲虫,亦称“黄守瓜”。
㉔地皋(gāo):即茜草,其根可作绛红色染料,古人以为这是动物膏血所化。皋,通“膏”。
㉕邻:通“磷”,鬼火。
㉖鹯(zhān):猛禽,又名“晨风”。似鹞,以鸠、鸽、燕、雀为食。
㉗蛤(gé):即蛤蜊,软体动物,生活在近海泥沙中。
㉘苋:苋菜。一说,“苋”为“莞”,俗名“席子草”,可用来编制草席。
㉙羭(yú):母羊。猨:即猿。
㉚亶爰(chán yuán):山名。自孕:指雌雄同体,能够自行怀孕。类:古代传说中的兽名,似狸。
㉛鹢(yì):鸟名。古人认为这种鸟无须交配,只要眼睛对视,即可生卵孵化。

㉜胷（yāo）：指龟鳖之类。

㉝稚（zhì）蜂：小蜂，细腰。

㉞思士：思恋、爱慕异性的男子。感：交感、相应。

㉟后稷生乎巨迹：相传姜原踏上天帝的足迹，怀孕生子，曾在尧、舜时代任农官，教民耕种，故称“后稷”，为周朝祖先。

㊱伊尹生乎空桑：相传伊尹母亲怀孕后梦见天神相告：“石臼出水就往东走，千万别回头！”第二天她看见石臼出水，连忙告诉邻居后，便往东逃去。跑出十里后眷然回顾，村庄已化为汪洋，而她也因此变作了一棵中空的桑树。有莘氏的女子采桑，从树中得到一个小婴儿，便是后来殷汤的贤相伊尹。

㊲厥昭：即蜻蛉虫。湿：潮湿的地方。

㊳醯（xī）鸡：即蠛蠓，一种小飞虫。古人误以为是酒醋上的白霉变成。

㊴羊奚：草名。比：结合。不笋（sǔn）：久不生笋的老竹。

㊵久竹：老竹。青宁：虫名。

㊶程：豹子。

㊷机：大道。

【译文】

列子到卫国去，在大道旁用餐，跟从的学生看见一个百来年的髑髅。列子拔开蓬蒿而手指髑髅，回过头去对学生百丰说：“只有我和他知道人是不曾生也不曾死的道理。死亡果真令人悲愁吗？活着果真令人欢喜吗？物类之中藏有极微妙的变化因素：正如青蛙变为鹌鹑，一得到水的滋润又会长成细如断丝的𪌪草，在水土之间就会长出青苔。生长在高旱之地，便长成车前草。车前草得到粪壤后，就能长成乌足草。乌足草的根变化成蛴螬虫，它的叶子变化成蝴蝶。蝴蝶不久又变化为虫，这种虫生长在灶下，形状好像是刚蜕化了皮壳似的，它的名字叫鸲掇虫。鸲掇虫经过一千天就变化成为鸟，名叫乾馀骨。乾馀骨鸟口中的黏液又变为斯弥虫。斯弥虫变成吃醋的颐辂，吃醋的颐辂从吃醋的黄軦中生出，吃醋的黄軦从九猷中生出，九猷从成群乱飞的蚊蚋中生出，蚊蚋从腐烂的黄守瓜虫中生出。羊肝化成茜草，马血转化成磷火，人血转化为荒野里的鬼火。鹞鹰变成晨风鸟，晨风鸟变化成布谷鸟，布谷鸟过了很久又重新变为鹞鹰。燕子变为蛤蜊，田鼠变为鹌鹑，腐烂的瓜变为鱼，老韭菜变为苋菜，老母羊变为猿猴，鱼卵变为虫子。亶爰山上的野兽能够自行怀孕，名叫类。河泽边有种鸟，两两相望就能生卵孵化，名叫鶂。纯雌性的龟鳖种群名叫大䳭，纯雄性的蜂类种群名叫稚蜂。男子相思，不娶妻而有所感应；女子怀春，不嫁夫而自行怀孕。后稷因为母亲踏了天帝的足迹而诞生，伊尹因为母亲梦遇神仙而生于空桑。蜻蛉虫诞生在潮湿的地方，醯鸡产生在酒醋里。羊奚草和久不生笋的老竹相结合，老竹生出青宁虫，青宁虫生出豹子，豹子生出马，马生出人，人老后就返归自然之中。万物的生命都产生于大道，死后又复归于大道。”

《黄帝书》曰：“形动不生形而生影，声动不生声而生响[①]，无动不生无而生有。”形，必终者也；天地终乎？与我偕终。终进乎[②]？不知也。道终乎本无始，进乎本不久[③]。有生则复于不生，有形则复于无形。不生者[④]，非本不生者也；无形者[⑤]，非本无形者也。生者，理之必终者也。终者不得不终，亦如生者之不得不生。而欲恒其生，画其终[⑥]，惑于数也[⑦]。精神者，天之分[⑧]；骨骸者，地之分。属天清而散，属地浊而聚。精神离形，各归其真[⑨]，故谓之鬼。鬼，归也，归其真宅[⑩]。黄帝曰：“精神入其门[⑪]，骨骸反其根[⑫]，我尚何存？”

【注释】

①响：回声。

②进:通“尽”,穷尽。

③久:应为“有”,“又”之形误,古多以“又”为“有”。

④不生者:指先有生命而后又死亡的事物。

⑤无形者:指先有形体而后又无形的事物。

⑥画:制止,截止。

⑦数:自然的法则。

⑧分:《释文》“分”作“久”,“又”之形误,古多以“又”为“有”,故“分”实为“有”。

⑨真:本原。

⑩真宅:即所谓“太虚之域”或“本原之地”。

⑪门:天门,道家谓众妙之门。

⑫根:地根。此处指物质的本原。

【译文】

《黄帝书》说:“形体运动不产生形体而产生影子,声音运动不产生声音而产生回响,虚无运动不产生虚无而产生实有。”有形之物是必然要终结的;天与地会终结吗?和我一样要终结。这种终结是否有穷尽之时呢?不知道。道终结在本来就没有开始的时候,穷尽在本来就没有形态的地方。一切有生命的事物终将返回到没有生命的状态,一切有形体的事物终将返回到没有形体的状态。那先有生命而后又死亡的事物,并非从来不曾有过生命;那先有形体而后又无形的事物,并非从来不曾具有形体。一切有生之物,按照自然法则必将终结。终结的不得不终结,正如存在的不得不存在。而想要使生命成为永恒,妄图截止这种终结,是不懂得自然法则啊。精神,是天所具有的;骨骸,是地所具有的。属于天的清明空灵而四散飘逸,属于地的浑浊沉重而凝结聚合。精神离开了形体,各自回归它们的本原,所以称之为鬼。鬼,就是归,意思是回归到本原之地。黄帝说:“精神进入众妙之门,骨骸返归物质本原,我的形体与灵魂还有什么存在呢?”

人自生至终，大化有四：婴孩也，少壮也，老耄也[①]，死亡也。其在婴孩，气专志一，和之至也；物不伤焉，德莫加焉。其在少壮，则血气飘溢，欲虑充起；物所攻焉，德故衰焉。其在老耄，则欲虑柔焉；体将休焉，物莫先焉；虽未及婴孩之全，方于少壮[②]，闲矣[③]。其在死亡也，则之于息焉，反其极矣[④]。

【注释】

①耄（mào）：年老。古以八十、九十曰"耄"。

②方：比。

③闲：安稳，闲静。一说，意为"隔"（《经典释文》）。

④极：尽端，指自然的本原。

【译文】

人从出生到死亡，大的变化阶段共有四个：婴孩，少壮，年老，死亡。人在婴孩阶段，神气专注，意志专一，最为和谐；外物不能伤害他，德行无须再添加。在少壮阶段，血气飘浮横溢，各种欲望与思虑充盈体内；外物便来侵扰他，所以德行便衰退了。在老年阶段，欲望与思虑渐渐消退；身体即将安息，外物不再与他争先；虽然还比不上婴孩时的完备，但与少壮时相比，却称得上安稳闲静了。人在死亡阶段，就到了完全安息的时候，复归于自然的本原。

孔子游于太山[①]，见荣启期行乎郕之野[②]，鹿裘带索[③]，鼓琴而歌。

孔子问曰："先生所以乐，何也？"

对曰："吾乐甚多：天生万物，唯人为贵；而吾得为人，是一乐也。男女之别，男尊女卑，故以男为贵；吾既得为男矣，是二乐也。人生有不见日月、不免襁褓者[④];吾既已行年九十矣,是三乐也。贫者,士之常也;死者,人之终也。处常得终[⑤],当何忧哉?”

孔子曰:“善乎!能自宽者也。”

【注释】

①太山:即泰山。

②荣启期:春秋时的隐者。郕(chéng):古邑名,在今山东宁阳东北。

③鹿裘:粗陋的冬衣。带索:腰间系着绳索。

④不见日月:指尚未出生就死去的胎儿。不免襁褓(qiǎng bǎo):指死在襁褓中的婴孩。

⑤得:应作“待”,等待。

【译文】

孔子在泰山游览,看见荣启期在郕地的郊野行走,身上穿着粗劣的皮衣,腰间系着绳索带子,一边弹琴,一边唱歌。

孔子问道:“先生这样快乐的原因是什么呢?”

荣启期回答道:“我快乐的原因有很多:上天生养万物,只有人是最尊贵的;而我得以成为人,这是第一件快乐的事。男女有别,男尊女卑,所以以男子为尊贵;我已经成为一名男子,这是第二件快乐的事。人生有不曾看见太阳月亮就在母亲腹中死去的,也有活了没多久,就在襁褓里夭折的;我已经活了九十多岁,这是第三件快乐的事。贫穷是读书人的常情;死亡是人生的必然结局。我处在读书人普遍的常情中,等候着必然降临的结局,还有什么使我忧虑的呢?”

孔子说:“好啊!真是一个能够自我宽慰的人。”

林类年且百岁[①],底春被裘[②],拾遗穗于故畦[③],并歌并进。

孔子适卫，望之于野。顾谓弟子曰："彼叟可与言者，试往讯之！"

子贡请行④。

逆之垄端⑤，面之而叹曰："先生曾不悔乎，而行歌拾穗？"

林类行不留，歌不辍。子贡叩之不已⑥，乃仰而应曰："吾何悔邪？"

子贡曰："先生少不勤行，长不竞时⑦，老无妻子，死期将至：亦有何乐而拾穗行歌乎？"

林类笑曰："吾之所以为乐，人皆有之，而反以为忧。少不勤行，长不竞时，故能寿若此。老无妻子，死期将至，故能乐若此。"

子贡曰："寿者人之情⑧，死者人之恶。子以死为乐，何也？"

林类曰："死之与生，一往一反。故死于是者，安知不生于彼？故吾知其不相若矣？吾又安知营营而求生非惑乎⑨？亦又安知吾今之死不愈昔之生乎⑩？"

子贡闻之，不喻其意⑪，还以告夫子。

夫子曰："吾知其可与言，果然；然彼得之而不尽者也。"

【注释】

①林类：春秋时代的隐士，事迹不详。且：将。

②底：当，到。被(pī)：披，穿着。

③故畦：庄稼收割后的田垄。

④子贡：孔子的弟子，姓端木，名赐，春秋时卫国人。

⑤逆：迎。

⑥叩：询问。

⑦竞时：竞取时运。

⑧情：指人的欲望。

⑨营营：苦苦谋求的样子。

⑩愈：较好，胜过。

⑪喻：理解，明白。

【译文】

林类年纪将近一百岁了，到了春天还披着皮衣，在割过麦子的田垄上拣拾遗落的麦穗，一边唱歌，一边行进着。

孔子到卫国去，在田野上望见了他。孔子回过头对弟子们说："那个老头或许可以同他攀谈攀谈，谁愿意过去问问他？"

子贡请求前去。

他在田垄一头迎上林类，面对他叹了一口气说："老先生不曾后悔吗，还这样唱着歌谣拾麦穗？"

林类不停往前走，歌声不断。子贡连连向他询问，林类才抬头答道："我有什么后悔的？"

子贡说："先生少年时不努力作为，长大后又不争取时运，到老了没有妻子儿女，眼看着死期将要临近：还有什么值得您快乐到一边拾麦穗一边唱歌呢？"

林类笑着说："我快乐的原因，人人都有，却反而以它们为忧愁。正因为少年时不努力作为，长大后又不争取时运，所以我才能这样长寿。正因为老来没有妻子儿女，死期也将要临近，所以我才能这样快乐。"

子贡说："长寿，是人们所向往的，死亡，是人们所厌恶的。您以死亡为快乐，为什么呀？"

林类说："死亡与生存，恰如一去一回。所以在这儿死去的，又怎么知道不会在另一个地方诞生？所以又怎么知道生和死不是相等的呢？我又怎么知道苦苦谋求生存不是一种糊涂呢？而且我又怎么知道我今天的死不胜过往昔的生呢？”

子贡听了他的话，不理解其中的涵义，便回去告诉孔子。

孔子说：“我知道这个人可以同他攀谈，果然是这样；然而他所掌握的道理还没有达到完满的地步。”

子贡倦于学，告仲尼曰：“愿有所息。”

仲尼曰：“生无所息。”

子贡曰：“然则赐息无所乎？”

仲尼曰：“有焉耳。望其圹①，睪如也②，宰如也③，坟如也，鬲如也④，则知所息矣。”

子贡曰：“大哉死乎！君子息焉，小人伏焉⑤。”

仲尼曰：“赐！汝知之矣。人胥知生之乐⑥，未知生之苦；知老之惫，未知老之佚⑦；知死之恶，未知死之息也。晏子曰⑧：‘善哉，古之有死也！仁者息焉，不仁者伏焉。’死也者，德之徼也⑨。古者谓死人为归人。夫言死人为归人，则生人为行人矣。行而不知归，失家者也。一人失家，一世非之；天下失家，莫知非焉。有人去乡土、离六亲、废家业、游于四方而不归者⑩，何人哉？世必谓之为狂荡之人矣。又有人钟贤世⑪，矜巧能、修名誉、夸张于世而不知己者，亦何人哉？世必以为智谋之士。此二者，胥失者也。而世与一不与一⑫，唯圣人知所与，知所去。”

【注释】

①圹(kuàng):墓穴。

②睪(gāo):通“皋”,高貌。

③宰:即“冢”,坟墓。

④鬲(lì):古代炊器。这里取它中空的样子来形容坟墓。

⑤伏:埋葬。

⑥胥:皆,都。

⑦佚:安逸。

⑧晏子:春秋时期齐国大夫,姓晏,名婴,字平仲。

⑨徼(jiào):即巡回之意。此处引申为复归。

⑩六亲:六种亲属,指父、母、兄、弟、妻、子。一般以“六亲”泛指各种亲属或所有的亲属。

⑪钟:专注。贤世:安定贤明之世。

⑫与:赞许。

【译文】

子贡对学习有些厌倦,便禀告孔子说:“我希望休息一下。”

孔子说:“人生是没有什么休息的。”

子贡说:“那么我就没有休息的地方了?”

孔子说:“有是有的。你看那墓穴,高高的,大大的,隆起的,中间空空而又与外界隔绝的样子,就知道在哪里可以休息了。”

子贡说:“伟大的死亡啊!君子在其中安息,小人在其中埋葬。”

孔子说:“赐!你终于明白了。人们都知道活着的快乐,却不知道活着的痛苦;都知道年老的疲惫,却不知道年老的安逸;都知道死亡的可恶,却不知道死亡是一种休息。晏子说:‘好啊,自古以来就有死亡!有仁义的人在其中安息,无仁义的人在其中埋葬。’所谓死亡,就是德性的复归。古时候将死人叫做归人。称死人为归人,那么活着的人就是行人了。远行而不知道回归,就是抛弃家庭。一个人抛弃家庭,所有世人都会责备他；整个天下抛弃家庭，就没有人知道要去责备了。有的人离开故乡，抛弃亲人，废弃家业，游荡在四方而不知回归，这是什么人呢？世人一定称他是狂荡的人。又有人热衷于安定贤明之世，自以为灵巧能干，沽名钓誉，夸张炫耀自己而不了解自己，这又是什么人呢？世人一定以为他是深富智谋的人了。这两种人，都是有过错的。可是世人都肯定智谋之士而否定狂荡之人，只有圣人才知道什么是应当赞许的，什么是应当摈弃的。”

或谓子列子曰：“子奚贵虚？”

列子曰：“虚者无贵也。”

子列子曰：“非其名也，莫如静，莫如虚。静也虚也，得其居矣；取也与也，失其所矣。事之破砌而后有舞仁义者①，弗能复也。”

【注释】

①砌（huǐ）：毁坏。舞：舞弄。

【译文】

有人对列子说：“先生您为什么特别以虚无为贵呢？”

列子回答说：“虚无本身是无所谓贵贱的。”

列子又说：“要否定人为的名义，就不如保持清静，保持虚无。清静、虚无，就掌握了道之所在；索取、给予，就丧失了道之所在。事物的本性被毁坏以后，再来舞弄仁义的说教，是不能使之复原的。”

粥熊曰①：“运转亡已②，天地密移，畴觉之哉③？故物损于彼者盈于此，成于此者亏于彼。损盈成亏，随世随死④。往来相接，间不可省，畴觉之哉？凡一气不顿进⑤，一形不顿亏，亦不觉其成，亦不觉其亏。亦如人自世至老，貌色智态，亡日不异；皮肤爪发，随世随落，非婴孩时有停而不易也。间不可觉，俟至后知。”

【注释】

①粥(yù)熊：即鬻熊，周代楚国的祖先。曾为周文王之师。粥，同“鬻”。

②亡(wú)：无，没有。已：止。

③畴：谁。

④世：生长。

⑤顿：突然。

【译文】

鬻熊说：“万物运动流转永无止息，天地也在悄无声息地迁移变化，谁察觉到了呢？所以事物在那里亏损，就会在这里充盈，在这里完成，就会在那里毁坏。亏损、充盈、完成、毁坏，随时发生，随时消亡。来来往往，相互衔接，其中的间隙无法省察，有谁感觉到了呢？但凡一种元气不是突然增长，一种形体不是突然亏损，人们就感觉不到它的完成，也感觉不到它的损毁。也正像人从出生到年老，容貌、神色、智力、体态，没有一天不在变化；皮肤、指甲、头发，随时生长，随时脱落，并非婴儿时就停滞而不再改变了。变化的间隙不可察觉，只有等到变化发展的结果出现之后才会明白。”

杞国有人忧天地崩坠①，身亡所寄，废寝食者。又有忧彼之所忧者，因往晓之②，曰：“天，积气耳，亡处亡气。若屈伸呼吸，终日在天中行止，奈何忧崩坠乎？”

其人曰：“天果积气，日月星宿③，不当坠耶？”

晓之者曰：“日月星宿，亦积气中之有光耀者，只使坠，亦不能有所中伤。”

其人曰：“奈地坏何？”

晓者曰：“地积块耳，充塞四虚，亡处亡块。若躇步跐蹈[4]，终日在地上行止，奈何忧其坏？”

其人舍然大喜[5]，晓之者亦舍然大喜。

长庐子闻而笑之曰[6]：“虹蜺也[7]，云雾也，风雨也，四时也，此积气之成乎天者也。山岳也，河海也，金石也，火木也，此积形之成乎地者也。知积气也，知积块也，奚谓不坏？夫天地，空中之一细物，有中之最巨者。难终难穷，此固然矣；难测难识，此固然矣。忧其坏者，诚为大远[8]；言其不坏者，亦为未是。天地不得不坏，则会归于坏。遇其坏时，奚为不忧哉？”

子列子闻而笑曰：“言天地坏者亦谬，言天地不坏者亦谬。坏与不坏，吾所不能知也。虽然，彼一也[9]，此一也[10]。故生不知死，死不知生；来不知去，去不知来。坏与不坏，吾何容心哉？”

【注释】

①杞(qǐ)国：古国名。都城雍丘，在今河南杞县。

②晓：开导，晓谕。

③宿(xiù)：古代把天上星的位次称作“宿”。

④躇(chú)步跐(cǐ)蹈：四字皆践蹈貌，泛指人的站立行走。

⑤舍(shì)然：形容疑虑消除。舍，通“释”。

⑥长庐子：战国时楚人，著书九篇，属道家流派。

⑦蜺(ní)：即霓，又称“副虹”，虹的一种。

⑧大(tài):同“太”。

⑨彼:指天地不坏。

⑩此:指天地毁坏。

【译文】

杞国有个人,担忧着天会崩坠,地会塌陷,自身将没有可以寄托的地方,以至于睡不着觉,吃不下饭。又有一个人,为他的担忧而担忧,因而前去开导他,说:“天,不过是积聚的气罢了,没有一处没有气。你弯腰伸臂、呼气吸气,成天在天之中活动,为什么还担忧它会崩坠呢?”

那个杞国人说:“天如果真的是积聚的气,那太阳、月亮、星星,不会落下来吗?”

开导他的人说:“太阳、月亮、星星也只是积聚的气当中会发光发亮的,即使落下来,也不会造成伤害。”

杞国人又问:“那地要是塌陷下去怎么办呢?”

开导他的人说道:“地,不过是积聚的土块罢了,土块充盈在四面八方,没有一处没有土块。你散步、行走、踩踏、蹦跳,成天在地上活动,为什么还担心它会塌陷呢?”

杞国人听了如释重负,十分欢喜。开导他的人也如释重负,十分欢喜。

长庐子听到这件事后笑着说:“虹霓呀,云雾呀,风雨呀,四季呀,这是积聚的气所形成的天。山岳呀,河海呀,金石呀,火木呀,这是堆积的实体所形成的地。既然知道天是积聚的气,地是堆积的土块,为什么还说它们不会毁坏呢?天地在无限的宇宙中只是一个细微的物体,而在具体存在的事物中,却是最为巨大的事物。它们难以终结,难以穷尽,这是必然的;人们难以蠡测其深浅,难以认识其规律,也是必然的。担忧它们会毁坏,实在是担忧得太远了;说它不会毁坏,也未必对。天地不能不坏,而且总归是要坏的。如果遇到天崩地坠,为什么不担忧呢?”

列子听到这件事后笑着说:“说天地会坏是荒谬可笑的,说天地不会坏也是荒谬可笑的。天地会坏不会坏，不是我们所能知道的。既然如此，天地不会坏是这么一回事，天地会坏也是这么一回事。所以活着不知道死后的境地，死后也不知道生前的遭遇；未来不知道过去的情况，过去也不知道未来的情况。天地会坏或不会坏，又为什么要放在心上呢？”

舜问乎烝曰①：“道可得而有乎？”

曰：“汝身非汝有也，汝何得有夫道？”

舜曰：“吾身非吾有，孰有之哉？”

曰：“是天地之委形也。生非汝有，是天地之委和也②。性命非汝有，是天地之委顺也。孙子非汝有③，是天地之委蜕也。故行不知所往，处不知所持④，食不知所以。天地强阳⑤，气也，又胡可得而有邪？”

【注释】

①舜：传说中我国原始社会部落联盟的首领，姓姚，有虞氏，又称“虞舜”。烝（chéng）：应作“丞”，古代帝王的辅佐。

②和：指由阴阳结聚而成的和顺之气。与下文的“顺”字义同。

③孙子：当为“子孙”之误。

④持：守。

⑤强阳：犹“运动”。

【译文】

舜问丞说：“道可以获得并占有吗？”

丞回答说：“你的身体都不属于你，你又怎么能占有道呢？”

舜说：“我的身体不属于我，那属于谁呢？”

丞回答说：“它是天地所托付给你的形体。生命不属于你所有，它只是天地托付给你的和顺之气。性命不属于你所有，它只是天地托付给你的顺化之气。子孙后代不属于你所有，他们只是天地以蜕变的生机赋予你的结果。所以行动不知道往哪里去，居住不知道保持处所，饮食不知道滋味。天地不停地运转，全是气的作用，大道又怎么可以得到并且占有呢？”

齐之国氏大富，宋之向氏大贫。自宋之齐，请其术①。

国氏告之曰：“吾善为盗。始吾为盗也，一年而给，二年而足，三年大穰②。自此以往，施及州闾③。”

向氏大喜。喻其为盗之言，而不喻其为盗之道。遂逾垣凿室④，手目所及，亡不探也⑤。未及时，以赃获罪，没其先居之财⑥。

向氏以国氏之谬己也⑦，往而怨之。

国氏曰：“若为盗若何？”向氏言其状。

国氏曰：“嘻！若失为盗之道至此乎？今将告若矣。吾闻天有时，地有利。吾盗天地之时利，云雨之滂润⑧，山泽之产育，以生吾禾，殖吾稼，筑吾垣，建吾舍。陆盗禽兽，水盗鱼鳖，亡非盗也。夫禾稼、土木、禽兽、鱼鳖，皆天之所生，岂吾之所有？然吾盗天而亡殃⑨。夫金玉珍宝，谷帛财货，人之所聚，岂天之所与？若盗之而获罪，孰怨哉？”

向氏大惑，以为国氏之重罔己也⑩，过东郭先生问焉⑪。

东郭先生曰：“若一身庸非盗乎？盗阴阳之和以成若生，载若形⑫；况外物而非盗哉？诚然，天地万物不相离也；仞而有之⑬，皆惑也。国氏之盗，公道也，故亡殃；若之盗，私心也，故得罪。有公私者，亦盗也；亡公私者，亦盗也。公公私私[14]，天地之德。知天地之德者，孰为盗耶？孰为不盗耶？”

【注释】

①术：指致富的方法。

②穰(ráng)：庄稼丰熟。

③州闾：乡里街坊。

④逾：越过。垣(yuán)：矮墙。

⑤亡(wú)：无，没有。

⑥没(mò)：没收。居：积蓄，贮存。此处指先前储存的钱财。

⑦谬：欺诈。

⑧滂润：灌溉滋润。

⑨殃：灾患，祸害。

⑩罔(wǎng)：欺骗，蒙蔽。

⑪过：拜访，访问。东郭先生：复姓东郭，名重，春秋时齐国人。传说为隐士。

⑫载：成就。

⑬仞：同“认”。

⑭公公私私：前一个“公”、“私”为动词，后一个为名词。

【译文】

齐国有户姓国的人家非常富有，宋国有户姓向的人家非常贫穷。姓向的人从宋国跑到齐国，向姓国的请教致富的方法。

姓国的人告诉他说：“我善于偷盗。当初我偷盗的时候，一年可以自给，二年便已富足，三年后就阔绰了。从此以后，我还接济街坊邻居。”

姓向的听了十分高兴。他只明白姓国的所说的关于偷盗的话，却没有理解他所谓偷盗的道理。于是他翻矮墙、挖壁洞，凡是手摸得着、眼睛看得到的东西,没有不拿走的。没过多久,就因为被查出赃物而受到惩罚,连以前积蓄的财物也被没收了。

姓向的以为姓国的欺骗自己,就跑去埋怨他。

姓国的问:“你是怎么偷盗的呢?”姓向的告诉他自己偷盗的情形。

姓国的说:“唉!你误解偷盗的道理到这种地步吗?现在我将它告诉你吧。我听说天有四季节令,地有资源肥力。我偷盗的是天时地利,云和雨的润泽,山林川泽的物产,用来生长我的禾苗,繁育我的庄稼,建筑我的墙垣,砌造我的房屋。在陆地上偷盗飞禽走兽,在水里偷盗鱼虾龟鳖,没有一样不是偷盗来的。庄稼、土木、禽兽、鱼鳖,原本都是自然界生成的,哪里是属于我的?但是我偷盗自然界的物产就不会遭受祸患。金银、玉石、珍珠、宝物,粮食、布帛、钱财、货物,都是人所积聚的,哪里是上天所赐予的?你偷盗它们而被判罪,又能怪谁呢?”

姓向的更加迷惑不解了,以为姓国的又一次蒙骗了自己,便去东郭先生那里询问。

东郭先生说:“你整个的人难道不是偷盗来的吗?偷盗了阴阳二气的中和来形成你的生命,构成你的形体;更何况你身外之物哪一件不是偷盗来的呢?的确,天地万物都互相联系,不能分离;把它们当作私有而占据,都是糊涂的做法。姓国的偷盗,符合公道,所以没有遭到灾祸;你的偷盗,出于私心,所以就被判了罪。为公或者为私,都是偷盗;不为公或者不为私,也是偷盗。使公有的成其为公有的,使私有的成其为私有的,这就是天地的大德。明白了天地的大德,那么还有谁是在偷盗呢?还有谁不是在偷盗呢?”

黄　帝

【题解】

本篇旨在论述养身治物之道。全文围绕道心与外物的关系展开多番探讨，申明唯有应理处顺，忘形养神，才能达到所适常通，遇物无滞的境界。具体而言，修养内在道心，必须“壹其性，养其气”，做到心无逆顺，物我两忘。作者以列子御风、伯昏临渊、商丘诚信、梁鸯饲虎、津人操舟、吕梁济水、痀偻承蜩等多则寓言，对此反复加以证明。同时他又指出，除了保持内心的虚静凝独，人们在应物处世时还必须“含其德”，做到韬光养晦，与世无违。文中海上沤鸟、赵襄子狩猎、神巫季咸、列子之齐、杨朱之沛、杨朱过宋数章，即为阐明其理。

深以析之，本文既名《黄帝》，最终还是为了推崇黄老学派“清虚无为”的治世主张。从华胥国的国民，列姑射山的神人，到鬻子、老聃的守柔之术以及圣人的笼愚之智，直至篇末惠盎对宋康王的说教中，都可以发现这样的思想痕迹。对于作者而言，理想国内，上有效法天道无为、德庇万物而不以为功的国君，下有自治自化的国民，同时还得有孔、墨等圣贤以仁义济人，使“四竟之内，皆得其利”。如此，天下大治才能真正得以实现。

黄帝即位十有五年，喜天下戴己①，养正命②，娱耳目，供鼻口，焦然肌色皯黣[3]，昏然五情爽惑[4]。又十有五年，忧天下之不治，竭聪明，进智力[5]，营百姓，焦然肌色皯黣，昏然五情爽惑。黄帝乃喟然赞曰[6]："朕之过淫矣[7]。养一己其患如此，治万物其患如此。"于是放万机，舍宫寝，去直侍[8]，彻钟悬[9]，减厨膳，退而闲居大庭之馆[10]，斋心服形[11]，三月不亲政事。

昼寝而梦，游于华胥氏之国[12]。华胥氏之国在弇州之西[13]，台州之北[14]，不知斯齐国几千万里[15]；盖非舟车足力之所及，神游而已。其国无帅长[16]，自然而已。其民无嗜欲，自然而已。不知乐生，不知恶死，故无夭殇[17]；不知亲己，不知疏物，故无爱憎；不知背逆，不知向顺，故无利害：都无所爱惜，都无所畏忌。入水不溺，入火不热。斫挞无伤痛[18]，指擿无痟痒[19]。乘空如履实，寝虚若处床。云雾不硋其视[20]，雷霆不乱其听，美恶不滑其心[21]，山谷不踬其步[22]，神行而已。

黄帝既寤，怡然自得，召天老、力牧、太山稽[23]，告之，曰："朕闲居三月，斋心服形，思有以养身治物之道，弗获其术。疲而睡，所梦若此。今知至道不可以情求矣。朕知之矣！朕得之矣！而不能以告若矣。"

又二十有八年，天下大治，几若华胥氏之国，而帝登假[24]。百姓号之，二百馀年不辍。

【注释】

①戴：拥护，爱戴。

②正命：即性命。

③焦然：形容面色憔悴。焦，黄黑色。皯黣(gǎn měi)：面色枯焦

黝黑。

④五情：喜、怒、哀、乐、怨，泛指人的情感。爽惑：错乱迷惑。

⑤进：通“尽”，竭尽。

⑥喟（kuì）然：大声叹气的样子。

⑦朕（zhèn）：古人自称之词。从秦始皇起，才专用为皇帝的自称。淫：过度，太甚。

⑧直侍：贴身的侍从。

⑨彻：撤，除去。钟悬：古代铜制乐器，悬挂于架上，以供奏鸣。

⑩闲居：独居，独处。大庭：亦作“大廷”，古代朝廷的外廷，在中门（雉门）外，大门（库门）内。

⑪斋心：洗心反省，消除种种知识欲望。服形：使身体顺服于道。

⑫华胥氏之国：神话传说中的国名，后因用为梦境的代称。

⑬弇（yǎn）州：古地名。据《淮南子·坠形训》：“正西弇州曰并土。”此地应在中原的西面。

⑭台州：古地名。据《淮南子·坠形训》：“西北台州曰肥土。”此地应在中原的西北方向。

⑮斯：距离。齐：通“脐”，中央，中间。

⑯帅长：众官之长。这里指统治者。一作“师长”（《释文》）。

⑰夭：短命。殇（shāng）：未成年而死亡。

⑱斫（zhuó）：砍、斩，削。挞：打。

⑲擿（zhì）：搔爬。痟（xiāo）：酸痛。

⑳硋（ài）：阻碍。

㉑滑（gǔ）：搅乱，迷惑。

㉒踬（zhì）：被绊倒。

㉓天老、力牧、太山稽：传说中黄帝的三位辅弼之臣。

㉔登假（xiá）：犹言成仙而远去，古人对死亡的讳称，多用于帝王。假，通“遐”。

【译文】

黄帝登位十五年了,因受到天下民众的拥戴而沾沾自喜,于是调养性命,追求耳目之乐,满足口鼻之欲,竟弄得面色枯黄黝黑,形容憔悴萎靡,头脑昏沉,情志迷惑。又过了十五年,他因担忧天下混乱,就竭尽聪明,用尽才智力量,管理百姓,结果仍然弄得面色枯黄黝黑,形容憔悴萎靡,头脑昏沉,情志迷惑。黄帝便大声叹息道:“我的过错太严重了!只顾调养自己,它的祸害是这样;一心治理天下,它的祸患也是这样。”于是抛弃纷繁政务,离开宫室寝殿,摈斥贴身侍从,撤掉钟鼓娱乐,减省美味膳食,隐退独居在外庭舍馆,内澄其心,外敛其形,三个月没有过问国家政事。

黄帝白天睡觉时做了个梦,梦见自己在华胥国漫游。华胥国在弇州的西面,台州的北面,不知道距离中国有几千万里远;并非依凭舟车或行路可以到达,只能是神魂的飘游罢了。那个国家没有君主官长,一切听凭自然发展罢了。那个国家的百姓没有嗜好欲望,一切听凭自然发展罢了。他们不知道迷恋生存,不知道厌恶死亡,所以没有夭折与短命的人;他们不知道偏爱自身,不知道疏远外物,所以没有喜爱和憎恨;他们不知道背叛违逆,不知道趋附顺从,所以没有利益和祸害:一切都不去贪恋顾惜,一切都不去畏惧忌讳。投进水中不会淹没,踏进火里不会烧伤。刀砍鞭打不会伤痛,指甲搔爬不会酸痒。飞腾空中犹如脚踏实地,睡在虚无里好像躺在床上。云雾不能遮掩他们的视线,雷霆不能扰乱他们的听力,美丽和丑恶不能迷惑他们的心志,高山深谷不能绊住他们的脚步,都是精神在运行而已。

黄帝从梦中醒来,怡然自得,于是把天老、力牧、太山稽招来,告诉他们说:“我闲居了三个月,内澄其心,外敛其形,思考如何修养身心、治理天下,但没能得到好的方法。我在疲惫中睡去,所梦见的就是这样。现在我知道最高深玄妙的道是不能通过寻常情理求得的。我明白它啦!我得到它啦!但是我却无法把它告诉你们啊。”

又过了二十八年，天下大治，几乎就像华胥国，可是黄帝却逝世了。百姓痛哭哀号，二百多年都没有停止。

列姑射山在海河洲中①，山上有神人焉，吸风饮露，不食五谷；心如渊泉，形如处女。不偎不爱②，仙圣为之臣；不畏不怒③，愿悫为之使④；不施不惠，而物自足；不聚不敛，而己无愆⑤。阴阳常调，日月常明，四时常若⑥，风雨常均，字育常时⑦，年谷常丰；而土无札伤⑧，人无夭恶⑨，物无疵厉⑩，鬼无灵响焉⑪。

【注释】

①列姑射（yè）：古代神话传说中的山名。海河洲：黄河入海口的河洲。

②偎（wēi）：亲近。

③畏：威严。

④愿悫（què）：忠厚诚实。这里指忠厚诚实的人。使：役使。

⑤愆（qiān）：困顿，缺乏。

⑥若：顺从。

⑦字：生育，哺乳。

⑧札伤：因遭瘟疫而死。

⑨夭恶：夭折，短命。

⑩疵（cī）厉：恶病，引申为灾害。

⑪灵响：灵验，应验。

【译文】

列姑射山在黄河入海口的河洲中，山上有神人居住，他吸清风、饮露水，不食五谷杂粮；心灵如同虚静的渊泉，形体好似柔弱的处女。他不亲不爱，但神仙圣人都臣服于他；他不威不怒，但忠厚老实的人都甘愿供他役使;他不施舍不惠赠,但人们物质财富自然充足;他不聚财不敛物,但自身从无困顿贫乏。那儿阴阳总是调和,日月总是明朗,四季总是和顺,风雨总是均匀,生育总是合时,五谷总是丰盛;而且大地上没有瘟疫,人间没有夭折,万物没有灾患,连鬼怪也无法作祟。

列子师老商氏①,友伯高子②;进二子之道③,乘风而归。

尹生闻之④,从列子居,数月不省舍⑤。因间请蕲其术者⑥,十反而十不告⑦。尹生怼而请辞⑧,列子又不命⑨。尹生退。数月,意不已,又往从之。

列子曰:"汝何去来之频?"

尹生曰:"曩章戴有请于子⑩,子不我告,固有憾于子。今复脱然⑪,是以又来。"

列子曰:"曩吾以汝为达,今汝之鄙至此乎。姬⑫!将告汝所学于夫子者矣。自吾之事夫子友若人也⑬,三年之后,心不敢念是非,口不敢言利害,始得夫子一眄而已⑭。五年之后,心庚念是非⑮,口庚言利害,夫子始一解颜而笑。七年之后,从心之所念,庚无是非;从口之所言,庚无利害,夫子始一引吾并席而坐。九年之后,横心之所念⑯,横口之所言,亦不知我之是非利害欤,亦不知彼之是非利害欤;亦不知夫子之为我师,若人之为我友:内外进矣。而后眼如耳,耳如鼻,鼻如口,无不同也。心凝形释⑰,骨肉都融;不觉形之所倚,足之所履,随风东西,犹木叶干壳。竟不知风乘我邪?我乘风乎?今女居先生之门⑱,曾未浃时⑲,而怼憾者再三。女之片体将气所不受⑳,汝之一节将地所不载㉑。履虚乘风,其可几乎㉒?"

尹生甚怍，屏息良久，不敢复言。

【注释】

①老商氏：人名，列子的老师。

②伯高子：人名，列子的朋友。

③进：通“尽”。此处为完全掌握的意思。

④尹生：姓尹的学生，即下文的章戴。

⑤省（xǐng）：探望。舍：指尹生自己的家。

⑥因间（jiàn）：趁机。蕲（qí）：通“祈”，祈求。

⑦反：同“返”。此处意为来回。

⑧怼（duì）：怨恨。

⑨不命：不表示态度。

⑩曩（nǎng）：从前。

⑪脱然：解脱，轻松。形容怒气顿消的样子。

⑫姬（jū）：通“居”，坐下。

⑬若人：此人，指伯高子。

⑭眄（miǎn）：斜着眼睛看。

⑮庚：通“更”。

⑯横：放纵，恣肆。

⑰心凝形释：心神凝聚而忘掉形骸智巧。

⑱女（rǔ）：通“汝”。

⑲未浃（jiā）时：指时间短暂。

⑳片体：意即小小一段身躯。

㉑节：骨节。这里以骨节对应身躯，身躯细小，则骨节更甚之。

㉒几（jì）：通“冀”，期望，盼望。

【译文】

列子拜老商氏为师，与伯高子交友；完全掌握二位的道术之后，便乘风而返回。

尹生听说了这件事,就跟从列子居住,几个月都不回家探望。他每每趁机向列子祈求道术,问了十回,列子十回都没有向他传授。尹生满腹怨愤,请求离开,列子还是没有表态。尹生便回家去了。过了几个月,想要学道的念头难以消除,又前去跟从列子。

列子说:"你怎么来来去去如此频繁?"

尹生答道:"从前章戴我向先生请教道术,先生不肯传授,我自然对先生心怀不满。现在我的怨气已经全然消散,所以又回来了。"

列子说:"从前我以为你通达事理,现在才知道你竟鄙陋到如此地步。坐下!我将告诉你我是怎样向先生学习道术的。自从我事奉先生、结交学友,三年之后,心里不敢存念是非,口中不敢言说利害,才博得先生斜看了一眼。五年之后,心里更加不敢存念是非,口中更加不敢言说利害,先生这才开颜对我一笑。七年之后,任凭心里怎样去想,更加没有是非;任凭口中怎样去说,更加没有利害,先生才开始让我与他并席而坐。九年之后,放纵心思去想,放纵口头去说,也不知道自己的是非利害,也不知道别人的是非利害;也不知道先生是我的老师,也不知道伯高子是我的朋友:身心内外完全融合于大道了。从那以后,我的眼睛的作用像耳朵一样,耳朵的作用像鼻子一样,鼻子的作用像嘴巴一样,他们没有什么不同的。我的心神凝聚,形体消散,骨骸血肉相互融合;感觉不到形体所倚赖的,脚下所踩踏的,只是随着风向东游西荡,就像那枯木的落叶或是竹笋的干壳四散飘零。竟不知是风乘着我呢?还是我乘着风?现在你在我的门下,没几天工夫,就再三的怨愤不满。你的身躯将不被元气接受,你的肢节将不被大地承载。还想要凌空行走,乘风翱翔,哪里指望得上呢?"

尹生十分羞愧,好久都不敢出大气,不敢再多说什么了。

列子问关尹曰[①]:"至人潜行不空[②],蹈火不热,行乎万物之上而不栗。请问何以至于此?”

关尹曰:“是纯气之守也③,非智巧果敢之列④。姬!鱼语女⑤。凡有貌像声色者,皆物也。物与物何以相远也?夫奚足以至乎先⑥?是色而已⑦。则物之造乎不形,而止乎无所化。夫得是而穷之者,焉得而正焉?彼将处乎不深之度⑧,而藏乎无端之纪⑨,游乎万物之所终始。壹其性,养其气,含其德,以通乎物之所造。夫若是者,其天守全,其神无郤⑩,物奚自入焉?夫醉者之坠于车也,虽疾不死⑪。骨节与人同,而犯害与人异,其神全也。乘亦弗知也,坠亦弗知也。死生惊惧不入乎其胸,是故遻物而不慴⑫。彼得全于酒而犹若是,而况得全于天乎?圣人藏于天,故物莫之能伤也。”

【注释】

①关尹:有两种说法。其一,名喜,关尹为其官职名称。其二,关尹,即关令尹喜,姓尹名喜,字公度,为函谷关令。

②潜行:谓潜行水中。空:通“窒”,窒息。

③纯气之守:即守住元气。

④列:类。

⑤鱼:通“吾”,即我。

⑥先:指未始有物之先。

⑦色:指拘于色相之物。

⑧彼:指至人。深:过度,超过节制。

⑨无端之纪:指无首无尾的大道。纪,绪。

⑩郤(xì):通“隙”,空隙。

⑪疾:摔伤。

⑫遻(è):遇到。慴:害怕,恐惧。

【译文】

列子问关尹说:“至人在水中潜行不会窒息,在火中踩踏不会烧伤,行走在万物之上而不恐惧。请问他们如何达到这种境界的?”

关尹说:“这是能够守住元气的缘故,并不是靠智巧、果敢之类能够做到的。坐下,我告诉你。凡是有形貌、迹象、声音、色彩的,都是物。物与物怎么会相差很远呢?物怎么能达到未始有物的至虚境界呢?这些都是拘于色相之物罢了。而道能达到不露形迹与永不变灭的境地。能够掌握此道而穷尽此理的人,外物怎么能阻止他呢?他处于大道的尺度内,藏神于无首无尾的大道中,游于万物赖以生死的大道之境。使心性纯一而不杂,使元气保养而不失,使德行与大道相合,与派生万物的大道相通。像这样的人,他的自然天性能持守完全,他的精神没有间隙,外物怎么能侵入呢?喝醉酒的人从车上坠下,虽然受伤却不会摔死。他的骨节和别人相同,而受到的伤害却与人不同,是由于他神全的缘故。他既不知乘坐车上,也不知坠跌在地。死生惊惧都没有进入他的心中,所以遇到外物并不恐惧。喝醉酒的人靠酒获得神全,尚能如此,何况是靠自然之道获得神全的人呢?圣人藏神于自然天道,所以外物不能伤害他。”

列御寇为伯昏无人射[①],引之盈贯[②],措杯水其肘上[③],发之,镝矢复沓[④],方矢复寓。当是时也,犹象人也[⑤]。

伯昏无人曰:“是射之射,非不射之射也。当与汝登高山[⑥],履危石[⑦],临百仞之渊[⑧],若能射乎?”于是无人遂登高山,履危石,临百仞之渊,背逡巡[⑨],足二分垂在外[⑩],揖御寇而进之[⑪]。御寇伏地,汗流至踵。

伯昏无人曰:“夫至人者,上窥青天,下潜黄泉[⑫],挥斥八极[⑬],神气不变。今汝怵然有恂目之志[⑭],尔于中也殆矣夫!”

【注释】

①列御寇：即列子。

②引：开弓。盈贯：满引弓，就是使弓弯到盈满的程度。

③措：放置。

④镝(dí)矢：指箭。此处用作动词，发箭。沓：会合。

⑤象人：偶人，泥塑木雕之人。

⑥当：相当于“倘”，假如。

⑦危：高耸。

⑧仞：八尺为一仞，或谓七尺为一仞。

⑨逡巡：退行、后退的样子。

⑩垂：悬。

⑪揖：揖弓，即向列御寇让弓。

⑫潜：测。

⑬挥斥：放纵。八极：指八方极远的地方。

⑭怵(chù)然：恐惧的样子。恂(shùn)目：即“瞬目”，转眼。志：意念。

【译文】

列御寇为伯昏无人表演射箭，他拉满弓弦，在肘臂上放一杯水，箭放出去，第一箭刚离弦，第二箭就已搭上，第二箭刚发出，第三箭又扣在弦上。在这个时候，他就像木偶一样镇静。

伯昏无人说：“这只是运用技巧的有心之射，并不是无心的不射之射。试着和你一起登上高山，踩着高耸的岩石，身临万丈深渊，你还能射吗？”于是伯昏无人就登上高山，踩着高耸的岩石，身临万丈深渊，背对着深渊向后退，直到脚有一大半悬在岩石外，便向列御寇让弓，请他上前射箭。列御寇吓得趴在地上，冷汗一直流到脚后跟。

伯昏无人说：“得道之人，上能窥视青天，下能测察黄泉，精神纵游于八方，神色气度始终不变。现在你却恐惧得有些眼花缭乱，你于射箭之道还是相差很远啊!”

范氏有子曰子华[1],善养私名[2],举国服之;有宠于晋君,不仕而居三卿之右[3]。目所偏视,晋国爵之;口所偏肥[4],晋国黜之。游其庭者侔于朝[5]。子华使其侠客以智鄙相攻,强弱相凌。虽伤破于前,不用介意[6]。终日夜以此为戏乐,国殆成俗。

禾生、子伯,范氏之上客。出行,经坰外[7],宿于田更商丘开之舍[8]。中夜,禾生、子伯二人相与言子华之名势,能使存者亡,亡者存;富者贫,贫者富。商丘开先窘于饥寒,潜于牖北听之[9]。因假粮荷畚之子华之门[10]。

子华之门徒皆世族也,缟衣乘轩[11],缓步阔视。顾见商丘开年老力弱,面目黎黑[12],衣冠不检,莫不眲之[13]。既而狎侮欺诒[14],攩㧙挨抌[15],亡所不为。商丘开常无愠容[16],而诸客之技单[17],惫于戏笑。

遂与商丘开俱乘高台,于众中漫言曰:“有能自投下者,赏百金。”众皆竞应。商丘开以为信然,遂先投下,形若飞鸟,扬于地,肌骨无㼽[18]。范氏之党以为偶然,未讵怪也[19]。

因复指河曲之淫隈曰[20]:“彼中有宝珠,泳可得也。”商丘开复从而泳之。既出,果得珠焉。众昉同疑[21]。子华昉令豫肉食衣帛之次[22]。

俄而范氏之藏大火。子华曰:“若能入火取锦者,从所得多少赏若。”商丘开往无难色,入火往还,埃不漫,身不焦。

范氏之党以为有道，乃共谢之曰："吾不知子之有道而诞子[23]，吾不知子之神人而辱子。子其愚我也，子其聋我也，子其盲我也。敢问其道。"

商丘开曰："吾亡道。虽吾之心，亦不知所以。虽然，有一于此，试与子言之。曩子二客之宿吾舍也，闻誉范氏之势，能使存者亡，亡者存；富者贫，贫者富。吾诚之无二心，故不远而来。及来，以子党之言皆实也，唯恐诚之之不至，行之之不及，不知形体之所措[24]，利害之所存也。心一而已。物亡迕者[25]，如斯而已。今昉知子党之诞我，我内藏猜虑，外矜观听[26]，追幸昔日之不焦溺也，怛然内热[27]，惕然震悸矣[28]。水火岂复可近哉？"

自此之后，范氏门徒路遇乞儿马医，弗敢辱也，必下车而揖之。

宰我闻之[29]，以告仲尼。仲尼曰："汝弗知乎？夫至信之人，可以感物也。动天地，感鬼神，横六合[30]，而无逆者，岂但履危险，入水火而已哉？商丘开信伪物犹不逆，况彼我皆诚哉？小子识之[31]！"

【注释】

①范氏：春秋时期晋国六大贵族之一。

②私名：即私客，指寄食于贵族豪门的人士。

③卿：古代高级长官或爵位的称谓。右：意为地位高贵，古代以右为上为贵。

④肥(bǐ)：轻视，鄙薄。

⑤侔(móu)：相等，齐。

⑥用：因此。

⑦垌(jiōng)：遥远的郊野。

⑧田更：种田的老人。更，通“叟”，老头儿。

⑨牖(yǒu)北：朝北面的窗户。牖，窗。

⑩假：借。畚(běn)：古代用草绳做成的盛器。这里指用来装行李的草筐。

⑪缟(gǎo)衣：白色的绢衣。轩：古代一种前顶较高而有帷幕的车子，供大夫以上乘坐。

⑫黎黑：即“黧黑”，黑色。

⑬眲(nè)：轻视。

⑭诒(dài)：欺骗。

⑮攩(tǎng)：捶打。挒(bì)：推击。挨：推搡。抌(dǎn)：击背。

⑯愠(yùn)：含怒，怨恨。

⑰单：通“殚”，竭尽。

⑱肌：同“肌”。㱴(huǐ)：毁坏，败坏。

⑲讵(jù)：通“巨”，大。

⑳浧隈：很深的水湾。浧，深。隈，山或水弯曲的地方。此指水潭。

㉑昉(fǎng)：曙光初现，引申为开始。

㉒豫：通“与”，参与。次：位次。

㉓诞：欺骗，哄骗。

㉔措：安放，放置。

㉕迕(wǔ)：违背，阻碍。

㉖矜：慎重，顾惜。

㉗怛(dá)然：忧伤，痛苦。内热：内心焦灼不安。

㉘惕然：战战兢兢，恐惧的样子。震悸：震惊，因害怕而心悸。

㉙宰我：宰予，字子我，春秋时鲁国人，孔子的学生。

㉚六合：即上、下、东、南、西、北，指天地之间。

㉛小子：这里指学生。识(zhì)：记住。

【译文】

范氏有个儿子名叫子华，喜欢招养游士门客，全国都屈服于他；晋国国君十分宠爱他，虽然不做官，但他的地位却比三卿还要高贵。只要是他所赏识的人，晋国就赐予爵位；只要是被他鄙薄过的人，晋国就将他贬黜。来往于他家的人简直和在朝廷上的人一样多。子华让他所养的侠客游士互相斗智斗勇，强者弱者互相凌辱。即使在他面前斗得伤残流血，也丝毫不介意。他通宵达旦地以此游戏取乐，使全国都沾染上这种风气。

禾生、子伯二人，是范氏的上等门客。一次外出经过荒远的郊野，借宿在老农商丘开的家里。夜半时分，禾生、子伯两人相互谈论着子华的名声权势，他能使生者死，死者生；能使富贵的人贫困，贫困的人富裕。商丘开先前过着饥寒交迫的日子，躲在北窗下正听到了这番话。于是借了些粮食，挑着竹筐就到了子华门下。

子华收养的门客都是世家子弟，身穿着白色绢衣，乘坐在宽敞华丽的马车上，走起路来昂首阔步，旁若无人。他们看见商丘开年老体弱，面目黧黑，衣冠不整，没有一个不轻视他。接着就侮辱他、欺负他、诳骗他，又捶打、推搡，无所不为。商丘开脸上没有一丝恼怒的神情，而那些门客的伎俩却使完了，也懒得再嬉笑嘲弄他。

接着就和商丘开一起登上高台，并在众人之间夸诞地宣称："谁要是自愿跳下去，就奖赏一百金。"大家都争着响应。商丘开信以为真，就先从高台上跳了下去，身姿好像飞鸟，飘飘摇摇地落到地面，肌肉骨骼毫无毁损。范氏的门客以为这是偶然现象，并不感到特别奇怪。

于是又指着河道弯曲处的深潭说："那里有宝珠，游过去便能得到。"商丘开又听从他们的话，纵身潜入水中。待他浮出水面，果然得到了宝珠。至此，门客们方才疑惑不已，子华也方才让商丘开进入吃肉穿绸的上等门客行列。

不久,范氏的贮藏库发生大火。子华说:“谁能冲进火里抢出锦缎,就按照抢救的数量来奖赏他。”商丘开冲上前去,面无难色,他在火中来回奔跑,烟尘毫不沾染,身体也不曾被烤焦。

范氏的门客以为商丘开有道术,就一起向他赔罪说:“我们不知道先生有道术而欺骗了先生,我们不知道先生是神人而侮辱了您。先生就把我们当成愚蠢的人,当成聋子,当成瞎子吧!现在冒昧地请教您用的是什么道术?”

商丘开说:“我没有道术。即使我自己心里也不知道是什么缘故。即使如此,还是有一点可以试着对你们说一说的。当初那两位门客借宿在我家,听到他们赞誉范氏的权势,能使生者死,死者生;能使富贵的人贫困,贫困的人富裕。我深信不疑,所以不惜远道而来。等来到这里,把你们这些人的话都当作实话,唯恐相信还来不及,实行还来不及,根本顾不上自己的身体处在什么境地,也不考虑利害在哪里。只是心志专一罢了。外物不能阻碍、伤害我,就是这个道理。现在才知道你们这些人都在欺骗我,我的心里隐藏着猜疑和忧虑,身外得小心地观察测听,又回想起往日幸亏没有被烧死、溺死,忧伤和痛苦折磨着我,使我恐惧震惊得心悸,又怎么可能再接近无情的水火呢?”

从此以后,范氏的门客在路上遇到乞丐、马医等,再也不敢侮辱他们,必定下车向他们拱手行礼。

宰我听到这件事,便禀告孔子。孔子说:“你不知道吗?最诚信的人,可以感化万物。他们可以震撼天地,感动鬼神,纵横在天地之间而没有悖逆阻碍,哪里只是走在危险的地方、进入水火之中而已呢?商丘开相信虚假的事物还能不受阻碍与伤害,更何况我们彼此之间都坚守诚信呢?学生们,你们要牢牢记住啊!”

周宣王之牧正有役人梁鸯者[①],能养野禽兽,委食于园庭之内[②],虽虎狼雕鹗之类[③],无不柔驯者。雄雌在前,孳尾成群[4]，异类杂居，不相搏噬也。王虑其术终于其身，令毛丘园传之。

梁鸯曰："鸯，贱役也，何术以告尔？惧王之谓隐于尔也，且一言我养虎之法。凡顺之则喜，逆之则怒，此有血气者之性也[5]。然喜怒岂妄发哉？皆逆之所犯也。夫食虎者，不敢以生物与之，为其杀之之怒也；不敢以全物与之，为其碎之之怒也。时其饥饱[6]，达其怒心[7]。虎之与人异类，而媚养己者，顺也；故其杀之，逆也。然则吾岂敢逆之使怒哉？亦不顺之使喜也。夫喜之复也必怒，怒之复也常喜，皆不中也。今吾心无逆顺者也，则鸟兽之视吾，犹其侪也[8]。故游吾园者，不思高林旷泽；寝吾庭者，不愿深山幽谷[9]，理使然也。"

【注释】

①周宣王：西周末国王，名靖，厉王之子，公元前828—前782年在位。牧正：牧官之长，主管畜牧。

②委：委托。此处引申为投送。食(sì)：喂食，给食。

③鹗(è)：又名"鱼鹰"，常活动于江河海滨，善于捕食鱼类。

④孳(zī)尾：动物生育繁殖。孳，生息，繁殖。尾，交合。

⑤血气：血性，生命气息。

⑥时：通"伺"，伺候。

⑦达：顺导。

⑧侪(chái)：同类，同辈。

⑨愿：思恋。

【译文】

周宣王的牧正有一个仆役名叫梁鸯，善于驯养野生的飞禽走兽，他在庭园里喂养它们，即使是老虎、豺狼、雕鹰、鹗鸟这些凶猛禽兽，没有不柔顺驯服的。雄的雌的交配繁殖成群的幼禽稚兽，不同种类的禽兽混杂居住在一起，不互相搏斗噬咬。周宣王担心这种驯养技术在梁鸯身上终结，就命令毛丘园去继承他。

梁鸯说："我梁鸯只是一个卑贱的仆役，有什么技术可以告诉你呢？但又怕周宣王说我对你隐瞒技术，那就说一说我驯养老虎的方法吧。凡是顺着它就喜欢，违逆它就发怒，这是有血性的动物的天性。但是喜欢和愤怒难道会无端发作吗？都是因为违逆它所导致的。饲养老虎，我不敢用活的动物喂它，因为它奋力咬杀活物就会诱发怒气；我也不敢用完整的动物喂它，因为它使劲撕碎动物也会诱发怒气。要按它的饥饱给它喂食，顺从它喜怒无常的性情。老虎和人是不同的种类，能让老虎喜欢饲养它的人，是由于依顺它；而它故意伤人的时候，是由于人违逆了它。这样我又怎么敢违逆它而使它发怒呢？但也不完全顺从它而使它高兴。因为高兴到了一定程度就会发怒，发怒到了一定程度就会高兴，都是不得当不适宜的缘故。现在我的心里没有违逆它或顺从它的想法，这样飞禽走兽看待我，就和它们的同类一样。所以在我庭园里游走的禽兽，不思念森林湖泊；在我庭园里休憩的禽兽，不怀恋深山幽谷，就是顺其自然而使它们这样的。"

颜回问乎仲尼曰[①]："吾尝济乎觞深之渊矣[②]，津人操舟若神[③]。吾问焉，曰：'操舟可学邪？'曰：'可。能游者可教也，善游者数能[④]。乃若夫没人[⑤]，则未尝见舟而谡操之者也[⑥]。'吾问焉，而不告。敢问何谓也？"

仲尼曰："譆[⑦]！吾与若玩其文也久矣[⑧]，而未达其实，而固且道与。能游者可教也，轻水也；善游者之数能也，忘水也。乃若夫没人之未尝见舟也而谡操之也，彼视渊若陵，视舟之覆犹其车却也。覆却万物方陈乎前而不得入其舍[9]，恶往而不暇？以瓦抠者巧[10]，以钩抠者惮[11]，以黄金抠者惛[12]。巧一也[13]，而有所矜[14]，则重外也。凡重外者拙内。"

【注释】

①颜回：名回，字子渊，春秋时鲁国人，孔子的学生。

②济：渡。觞深：渊名。因其状如酒杯而得名，地在宋国。觞，古代盛酒器。

③津人：在觞深上摆渡的人。

④数能：很快能学会。数，通"速"，迅速。

⑤没人：能潜入水底的人。

⑥谡(sù)：立即。

⑦譩(yī)：通"噫"，感叹声，犹"唉"。

⑧玩：研习，探讨。文：书本上的道理。

⑨方：并列。舍：心胸。

⑩抠(kōu)：这里指古代的一种博戏。

⑪钩：带钩，多用青铜制成。惮：惧怕。

⑫惛(hūn)：心智昏乱。

⑬巧一：技巧相同。

⑭矜：顾忌。

【译文】

颜回问孔子："我曾经在名叫觞深的深潭上渡水，摆渡的人划船功夫神妙得很。我问他：'划船技术可以学吗？'他回答说：'可以。能游泳的人可以教会，善于游泳的人很快就能学会。至于会潜水的人，即使从未见过船也立刻能学会驾御它。'我问他是什么道理，他就不回答了。敢问先生这是什么道理呢？"

孔子说："唉！我和你研习书本知识已经很久了，但并未达到用事实验证的地步,尚且谈什么掌握道的本身啊。会游泳的人可以教授,因为他看轻水;善于游泳的人很快就能学会,因为他不把水放在心上。至于会潜水的人即使从来没有见过船也立刻能学会驾御它,是因为他看待深渊就像土山一样,看待舟船的倾覆就像上坡的车子向后退一样。万物倾覆、倒退同时出现在他面前都无法打动他的内心,又有哪里能使他不从容自如呢? 用瓦片博戏的人就会心思灵巧,用铜带钩博戏的人就会有所惧怕,用黄金博戏的人就会心智昏乱。赌博的技巧一样,却心存顾虑,是看重外物的缘故。凡是看重外物的人内心就会笨拙。"

孔子观于吕梁①,悬水三十仞②,流沫三十里,鼋鼍鱼鳖之所不能游也③。见一丈夫游之④,以为有苦而欲死者也,使弟子并流而承之⑤。数百步而出,被发行歌而游于棠行⑥。

孔子从而问之,曰:"吕梁悬水三十仞,流沫三十里,鼋鼍鱼鳖所不能游。向吾见子道之⑦,以为有苦而欲死者,使弟子并流将承子。子出而被发行歌,吾以子为鬼也。察子,则人也。请问蹈水有道乎?"

曰:"亡,吾无道。吾始乎故,长乎性,成乎命。与齎俱入⑧,与汩偕出⑨,从水之道而不为私焉。此吾所以道之也。"

孔子曰:"何谓始乎故,长乎性,成乎命也?"

曰:"吾生于陵而安于陵,故也;长于水而安于水,性也;不知吾所以然而然,命也。"

【注释】

①吕梁:地名。在今徐州附近。

②悬水:瀑布。

③鼋(yuán):即癞头鼋,鳖的一种。鼍(tuó):即扬子鳄,俗称"猪婆

龙”。

④丈夫：古代称成年男子为“丈夫”。

⑤并流：靠近岸边，顺流游去。承：通“拯”，拯救。

⑥被发：散发。被，披。行歌：边走边唱。棠行：即塘下，堤岸之下。

⑦道：张湛注：“道当为蹈。”之：指河水。

⑧齎(qí)：通“齐”，即“脐”，中央。指漩涡，水旋洄而下，状如肚脐，故称。

⑨汩(gǔ)：向上疾涌而出的水流。

【译文】

孔子在吕梁观赏风光，看到瀑布从三十仞高的地方飞落而下，激起的浪花飞溅达三十里，鼋鼍鱼鳖都无法游过。看见一个成年男子在水中游，以为是遭遇困苦而想自杀的，就让弟子顺流游去拯救他。男子潜游数百步之后才浮出水面，披散着头发在堤岸下且歌且行。

孔子跟过去问他说：“吕梁的瀑布从三十仞高的地方飞落而下，激起的浪花飞溅达三十里，鼋鼍鱼鳖都无法游过。刚才我看见你跳进水中，以为你遭遇困苦而想自杀，就让弟子顺流游去救你。你却浮出水面，披头散发地边走边唱，我还以为是鬼呢。仔细看你原来是人。请问游水有道术吗？”

男子答道：“没有，我没有道术。我开始于本然，再顺着天性成长，最终成就自然天命。我和漩涡一起卷入水中，随着上涌的波流一起浮出水面，顺着水出入而不凭主观的冲动而游。这就是我游水时所遵循的规则。”

孔子问：“什么叫做开始于本然，再顺着天性成长，最终成就自然天命呢？”

那男子答道：“我出生在高地而安心于高地，这就叫安于本然；我成长在水边而练习于水边，这就叫习而成性；我不知道为何这样做而去做了，这就叫顺应自然天命。”

仲尼适楚，出于林中，见痀偻者承蜩[①]，犹掇之也[②]。

仲尼曰："子巧乎！有道邪？"

曰："我有道也。五六月，累垸二而不坠[③]，则失者锱铢[④]；累三而不坠，则失者十一；累五而不坠，犹掇之也。吾处也若橛株驹[⑤]，吾执臂若槁木之枝。虽天地之大、万物之多，而唯蜩翼之知。吾不反不侧，不以万物易蜩之翼，何为而不得？"

孔子顾谓弟子曰："用志不分，乃凝于神，其痀偻丈人之谓乎[⑥]！"

丈人曰："汝逢衣徒也[⑦]，亦何知问是乎？修汝所以[⑧]，而后载言其上[⑨]。"

【注释】

①痀偻(jū lǚ)：老人曲背的样子。承蜩(tiáo)：持竿粘蝉。蜩，蝉。

②掇：拾取。

③垸：通"丸"，圆形小球。

④锱铢(zī zhū)：古代重量单位，比喻极小的数量。

⑤橛：竖立。株驹：即株枸，断树桩。驹，通"枸"，指树木的根干部分。

⑥丈人：古时对老人的尊称。

⑦逢衣：通"逢掖"，古代读书人所穿的一种袖子宽大的衣服。后作为儒生的代称。

⑧修：清洗，清除。

⑨载：通"再"。

【译文】

孔子到楚国去，从树林中走出来时，看见一个驼背的老人在持竿粘蝉，就好像用手拾取一样毫无遗漏。

孔子说："你真是灵巧极了！这里面有技艺吗？"

老人回答说："我是有技艺的。在竹竿头上叠放两个丸子，经过五六个月的练习就不会掉下来了，那在粘蝉时失误就很少了；练到在竹竿头上叠放三个丸子而不掉下来，那在粘蝉时失误就只有十分之一；练到在竹竿头上叠放五个丸子而不掉下来，粘蝉就好像用手拾取一样毫无遗漏了。我立定身子就像竖起的树墩那样静止不动，我用臂执竿就像枯木的树枝。虽然天地广大，万物众多，而我只知道有蝉翼。我不会因为纷杂的万物影响专注于蝉翼的心志，怎么能得不到蝉呢？"

孔子回过头去对弟子们说："用志而不分散，精神凝聚专一，这就是驼背老人说的道理啊！"

老人说："你们是读书人，怎么也要过问这些呢？先清除你们那套旧道理，再来谈论这些道理吧。"

海上之人有好沤鸟者①，每旦之海上，从沤鸟游，沤鸟之至者百住而不止②。其父曰："吾闻沤鸟皆从汝游，汝取来，吾玩之。"明日之海上，沤鸟舞而不下也。

故曰：至言去言，至为无为。齐智之所知③，则浅矣。

【注释】

①沤（ōu）：通"鸥"，形色似白鸽，常群飞于海洋或江湖畔。

②住：通"数"。

③齐（jì）：限定。

【译文】

海边有一位喜欢海鸥的人，每天早晨到海上去，跟海鸥一起游玩，飞来的海鸥有上百只不止。他父亲说："我听说海鸥都跟你一起游玩，你捉几只来，让我玩玩。"第二天他来到海上，海鸥在空中飞舞却不肯落下来。

所以说：最高深的言论是摈弃言论，最卓绝的行为是无所作为。只局限于个人的智巧所知，那就失之浅薄了。

赵襄子率徒十万[①]，狩于中山[②]，藉芿燔林[③]，扇赫百里[④]。有一人从石壁中出，随烟烬上下，众谓鬼物。火过，徐行而出，若无所经涉者。襄子怪而留之，徐而察之：形色七窍，人也；气息音声，人也。问奚道而处石？奚道而入火？

其人曰："奚物而谓石？奚物而谓火？"

襄子曰："而向之所出者，石也；而向之所涉者，火也。"

其人曰："不知也。"

魏文侯闻之[⑤]，问子夏曰[⑥]："彼何人哉？"

子夏曰："以商所闻夫子之言，和者大同于物，物无得伤阂者。游金石，蹈水火，皆可也。"

文侯曰："吾子奚不为之？"

子夏曰："刳心去智[⑦]，商未之能。虽然，试语之有暇矣。"

文侯曰："夫子奚不为之？"

子夏曰："夫子能之而能不为者也。"

文侯大说[⑧]。

【注释】

①赵襄子：名无恤，春秋末年晋国大夫，赵简子之子。

②狩：冬天打猎。中山：古国名。中心在今河北定州。

③藉芿(jiè rèng)：践踏乱草。芿，乱草。燔(fán)：焚烧。

④扇：扇动。此指火势炽烈。赫：显耀，盛大。

⑤魏文侯：姓毕，名都，战国时魏国的建立者，公元前446—前396年在位。

⑥子夏：姓卜，名商，春秋时晋国人。一说，卫国人，孔子的学生。

⑦刳（kū）：挖空，剔净。此指把物欲剔除干净，使心空虚无执。

⑧说（yuè）：同“悦”，喜悦。

【译文】

赵襄子率领十万人马在中山国境内狩猎，践踏乱草，焚烧林木，炽烈的火势绵延百里。有一个人从石壁中钻出来，随着烟火灰烬上下飘动，大家都认为是鬼怪。大火过后，那个人慢慢地走出来，好像刚才没有经历涉足过什么事一样。赵襄子感到奇怪，就把他留下来，慢慢地观察他：形貌、肤色、七窍，是人的样子；呼吸、声音，也是人的样子。便问他，有什么道术能呆在石壁里？有什么道术能走进火中？

那个人说：“什么东西叫做石壁？什么东西叫做火？”

赵襄子说：“你刚才走出来的地方就是石壁，你刚才涉历的东西就是火。”

那个人说：“不知道。”

魏文侯听说这件事，就问子夏：“那是个什么样的人？”

子夏说：“我听孔夫子说过，得中和之气的人，身心同外物融合在一起，外物就不会伤害他、阻碍他。所以在金石中游走，在水火里踩踏，都可以做到。”

魏文侯问：“您为什么不这样做呢？”

子夏回答说：“剔净思虑，摈弃智巧，我还不能做到。虽然这样，但试着谈论这些道理还是可以的。”

魏文侯又问：“孔夫子为什么不这样做呢？”

子夏回答说：“孔夫子能这样做，但他更能不去这样做。”

魏文侯听了，非常高兴。

有神巫自齐来处于郑[1]，命曰季咸，知人死生存亡、祸福寿夭，期以岁月旬日[2]，如神。郑人见之，皆避而走。

列子见之而心醉[3]，而归以告壶丘子[4]，曰："始吾以夫子之道为至矣，则又有至焉者矣。"

壶子曰："吾与汝无其文[5]，未既其实，而固得道与？众雌而无雄，而又奚卵焉？而以道与世抗，必信矣[6]，夫故使人得而相汝。尝试与来，以予示之。"

明日，列子与之见壶子。出而谓列子曰："譆！子之先生死矣，弗活矣，不可以旬数矣。吾见怪焉[7]，见湿灰焉[8]。"列子入，涕泣沾衿，以告壶子。

壶子曰："向吾示之以地文[9]，罪乎不诉不止[10]，是殆见吾杜德几也[11]。尝又与来！"

明日，又与之见壶子。出而谓列子曰："幸矣！子之先生遇我也，有瘳矣[12]。灰然有生矣，吾见杜权矣[13]。"列子入告壶子。

壶子曰："向吾示之以天壤[14]，名实不入，而机发于踵，此为杜权。是殆见吾善者几也[15]。尝又与来！"

明日，又与之见壶子。出而谓列子曰："子之先生坐不齐[16]，吾无得而相焉[17]。试齐，将且复相之。"列子入告壶子。

壶子曰："向吾示之以太冲莫眹[18]，是殆见吾衡气几也[19]。鲵旋之潘为渊[20]，止水之潘为渊，流水之潘为渊，滥水之潘为渊[21]，沃水之潘为渊[22]，氿水之潘为渊[23]，雍水之潘为渊[24]，汧水之潘为渊[25]，肥水之潘为渊[26]，是为九渊焉。尝又与来！"

明日，又与之见壶子。立未定，自失而走[27]。壶子曰：

"追之!"列子追之而不及,反以报壶子,曰:"已灭矣[28],已失矣,吾不及也。"

壶子曰:"向吾示之以未始出吾宗。吾与之虚而猗移[29],不知其谁何,因以为茅靡[30],因以为波流,故逃也。"

然后列子自以为未始学而归,三年不出,为其妻爨[31],食豨如食人[32],于事无亲,雕瑑复朴[33],块然独以其形立[34],份然而封戎[35],壹以是终。

【注释】

①神巫:占卜甚为灵验的巫者。

②期:预言。岁月旬日:预定的某年、某月、某旬、某日。

③心醉:谓其心醉服。

④壶丘子:即壶丘子林。见《天瑞》篇注。

⑤与:授。无:当为"既",尽。文:外表。

⑥信:通"伸",表露,呈现。

⑦怪:怪异的症状。

⑧湿灰:如湿灰不能复燃,指死亡之症,绝无生机可望。

⑨地文:土地的纹理,地貌。

⑩罪:通"萌",萌发,草木初生之际,生机未显。比喻壶子闭塞生机的状态。诶(zhèn):同"震",动。

⑪殆:仅仅。杜:闭塞。德机:谓生命力,活力。

⑫瘳(chōu):疾病痊愈。

⑬杜权:谓闭塞之中已显出一点活力。权,权变。

⑭天壤:天地间变化生长的气象。

⑮善者几:谓生意萌动的机兆。几:通"机",机兆。

⑯不齐:谓精神、气色变化不定。齐,端庄整齐。

无影无踪，不知去向了，我追不上他。”

壶子说：“刚才我没有展露我的宗本给他看。我只是显示出心地虚寂而随物顺化的样子，他摸不清我所使用的是什么道术，只看见我如草随风而倒，如水逐波而流的状态，所以就逃走了。”

这以后列子自认为未尝学到大道，便回到故里自学，三年不出家门，替妻子烧火煮饭，把喂猪直当作请人吃饭，对于事物漠不关心，除掉修饰而返回质朴，无知无情地像槁木死灰一样，在纷繁的世事中能封闭心窍而不被干扰，终身专守着纯一之道。

子列子之齐，中道而反，遇伯昏瞀人。

伯昏瞀人曰：“奚方而反[①]？”

曰：“吾惊焉。”

“恶乎惊？”

“吾食于十浆[②]，而五浆先馈。”

伯昏瞀人曰：“若是，则汝何为惊己？”

曰：“夫内诚不解[③]，形谍成光[④]，以外镇人心，使人轻乎贵老，而鳌其所患[⑤]。夫浆人特为食羹之货，多馀之赢；其为利也薄，其为权也轻，而犹若是。而况万乘之主，身劳于国，而智尽于事；彼将任我以事[⑥]，而效我以功，吾是以惊。”

伯昏瞀人曰：“善哉观乎！汝处己，人将保汝矣[⑦]。”

无几何而往，则户外之屦满矣[⑧]。伯昏瞀人北面而立，敦杖蹙之乎颐[⑨]。立有间，不言而出。宾者以告列子[⑩]。列子提履徒跣而走[⑪]，暨乎门，问曰：“先生既来，曾不废药乎[⑫]？”

曰：“已矣。吾固告汝曰，人将保汝，果保汝矣。非汝能使人保汝，而汝不能使人无汝保也，而焉用之感也？感豫出异。且必有感也，摇而本身，又无谓也。与汝游者，莫汝告也。彼所小言[13]，尽人毒也[14]。莫觉莫悟，何相孰也[15]！”

【注释】

①方：缘故。反：同“返”。

②十浆：十家卖浆的店铺。

③内诚：内心的情欲。诚，情。解：悬解。

④谍：通“渫”，泄。

⑤鳖(jī)：同“鳖”，招致。

⑥彼：指万乘之主。

⑦保：归附。

⑧屦(jù)：草鞋。

⑨敦：拄，支撑。蹙(cù)：皱。颐：下巴。

⑩宾者：即傧者，替主人迎接客人的人。

⑪跣(xiǎn)：赤脚。

⑫废药：比喻教诲之言。废，通“发”。

⑬小言：细巧而不入大道的言论。

⑭人毒：毒害人的东西。

⑮相孰：犹相善，相互得益。孰，训为“善”。

【译文】

列子到齐国去，中途就返回来，遇见伯昏瞀人。

伯昏瞀人说：“什么缘故中途就回来呢？”

列子说：“我感到惊异。”

“为什么感到惊异？”

“我曾到十家卖浆的店铺里饮浆，其中就有五家先赠送给我。”

伯昏瞀人说：“像这样的事，你为什么要惊异呢？”

列子说：“真诚积聚于胸中，就会外泄为光仪，用来对外压服人心，使人们对自己的敬重超过了老人，从而招致祸患。那些卖浆的人只是做点羹汤的买卖罢了，赢利并不多；他们获得的利润很少，所拥有的权势很小，尚且如此尊敬我。何况是万乘的君主，他们为国事操劳，为事业竭尽心智；他将会把重任交给我而要我建功效力，因此我感到惊异。”

伯昏瞀人说：“你真会观察问题啊！你且安居吧，人们将会归附你了。”

时隔不久，伯昏瞀人去见列子，看到门外前来拜访者的鞋子已经摆满了。伯昏瞀人向北站着，用手杖拄着下巴而使皮肉皱起。站了一会儿，没有说话就走了。接引宾客的人把这事告诉列子。列子提着鞋，光着脚跑出来，到了门口，问道：“先生既然来了，为什么还不发药石之言启发开导我呢?”

伯昏瞀人说：“算了吧。我本来就告诉过你，人们要来归附你，现在果然归附你了。不是你能使人归附你，而是你不能使人不归附你，你何必显示出与众不同的迹象而使人如此欢愉呢？你以异常的表现感动他人，他人也必定会以欢愉摇撼你的本性，这又没有什么益处。与你交游的人，不能把这番道理告诉你。他们那些细巧之言，尽是毒害人心的。没有人能够从中觉悟，大家又怎么能互相获得教益呢！”

杨朱南之沛①，老聃西游于秦②，邀于郊。至梁而遇老子③。老子中道仰天而叹曰：“始以汝为可教，今不可教也。”杨朱不答。

至舍，进涫漱巾栉④，脱履户外，膝行而前，曰：“向者夫子仰天而叹曰：‘始以汝为可教，今不可教。’弟子欲请夫子辞，行不间，是以不敢。今夫子间矣，请问其过。”

老子曰：“而睢睢⑤，而盱盱⑥，而谁与居⑦？大白若辱⑧，盛德若不足。”

杨朱蹴然变容曰[9]:“敬闻命矣!”

其往也,舍者迎将家[10],公执席[11],妻执巾栉[12],舍者避席,炀者避灶[13]。其反也,舍者与之争席矣。

【注释】

①杨朱:又称“杨子”、“阳子居”或“阳生”,战国时魏国人。沛:今江苏徐州。

②老聃(dān):姓李,名耳,字聃,楚国苦县厉乡曲仁里人。曾任周守藏室之史官。

③梁:沛郊的地名。

④涫(guàn):通“盥”,盥洗。这里指洗脸洗手的水。栉(zhì):梳篦。

⑤睢睢(suī):张目,傲视貌。

⑥盱盱(xū):仰目,傲视貌。

⑦居:相处。

⑧辱:谓黑。

⑨蹴(cù)然:惭愧不安的样子。

⑩舍者:旅舍中的所有人。将:送。

⑪公:旅舍男主人。

⑫妻:旅舍男主人的妻子。

⑬炀(yàng)者:燃火者,即炊夫。

【译文】

杨朱向南去沛地,老聃西游到秦地,杨朱在沛郊迎候老子。到了梁地见到老子。老子在半途中仰天长叹说:“起初我认为你可以教导,现在看来不可以了。”杨朱默然不应。

到了旅舍中,杨朱向老子奉上梳洗用品,把鞋脱在门外,膝行到老子面前,说:“刚才先生仰天长叹说:‘起初我认为你可以教导,现在看来不可以了。’我想请教先生,先生忙着赶路,所以没敢打搅。现在先生有空闲了，请告诉我不可教导的原因。”

老子说：“你一副跋扈傲视的样子，谁愿跟你同处？一生清白的人应该觉得仍有污点，道德高尚的人应该仍以谦恭卑下自居。”

杨朱满面羞惭地说：“敬听先生的教诲了！”

杨朱前往沛地的时候，旅舍中的所有人都来迎送他，旅舍男主人替他安排坐席，女主人为他拿毛巾和梳子，先到的客人避开坐席，炊夫离开灶火。等他从沛地返回，旅舍的客人便和他争席而坐了。

杨朱过宋，东之于逆旅①。逆旅人有妾二人，其一人美，其一人恶②；恶者贵而美者贱。杨朱问其故。逆旅小子对曰③：“其美者自美，吾不知其美也；其恶者自恶，吾不知其恶也。”

杨朱曰：“弟子记之！行贤而去自贤之行，安往而不爱哉？”

【注释】

①逆旅：旅店。

②恶：丑陋。

③小子：指旅店主人。

【译文】

杨朱途经宋国，向东投宿到一家旅店。旅店主人有两个妾，其中一个漂亮，一个丑陋；丑陋的受主人尊宠而漂亮的却被轻视。杨朱问其中的缘故，旅店主人回答说：“那个漂亮的自以为漂亮，我却不认为她漂亮；那个丑陋的自以为丑陋，我却不认为她丑陋。”

杨朱说：“弟子们记住！品行高尚而又能去掉自以为高尚之心的人，到什么地方不受人敬重呢？”

天下有常胜之道，有不常胜之道。常胜之道曰柔，常不胜之道曰强。二者亦知[①]，而人未之知。故上古之言：强，先不己若者[②]；柔，先出于己者。先不己若者，至于若己，则殆矣。先出于己者，亡所殆矣。以此胜一身若徒[③]，以此任天下若徒，谓不胜而自胜，不任而自任也。

粥子曰[④]："欲刚，必以柔守之；欲强，必以弱保之。积于柔必刚，积于弱必强。观其所积，以知祸福之乡[⑤]。强胜不若己，至于若己者刚[⑥]；柔胜出于己者，其力不可量。"

老聃曰："兵强则灭，木强则折[⑦]。柔弱者生之徒，坚强者死之徒。"

【注释】

①亦：当作"易"，容易。

②先：指外界的事物。

③若徒：如同徒役，意为甘心为下。一说，"若徒"意为"此道"。

④粥（yù）子：即鬻熊。见《天瑞》注。

⑤乡：通"向"，趋向，趋势。

⑥刚：应为"戕"（qiāng），残害，含有"折"义。

⑦折（shé）：断。

【译文】

天下有常胜的道，有不常胜的道。常胜之道叫做柔弱，不常胜之道叫做刚强。二者显而易见，但人们多不知道。所以上古有句话说：依靠刚强，只能战胜不如自己的；依靠柔弱，却能战胜超过自己的。只战胜不如自己的，等到它们和自己相当了，就危险了。战胜超过自己的，就没有危险了。用来战胜身心的是这个道理，用来应付天下的也是这个道理，这叫做虽然不是有意战胜却自然就已战胜，虽然不是有意胜任却自然就已胜任。

鬻子说："要想刚，必定得靠柔来守护；要想强，必定得用弱来保障。柔积蓄起来必定刚，弱积蓄起来必定强。观测它们所积蓄的，就可以知道祸福的趋向了。靠刚强胜过不如自己的，等到它与自己相当就会遭殃；靠柔弱胜过超过自己的，力量便不可估量。"

老子说："兵马强大就会被消灭，树木强硬就会被折断。柔弱是生存的道路，坚强是死亡的途径。"

状不必童①，而智童；智不必童，而状童。圣人取童智而遗童状②，众人近童状而疏童智。状与我童者，近而爱之；状与我异者，疏而畏之。有七尺之骸，手足之异，戴发含齿，倚而趣者③，谓之人；而人未必无兽心。虽有兽心，以状而见亲矣。傅翼戴角④，分牙布爪，仰飞伏走，谓之禽兽；而禽兽未必无人心。虽有人心，以状而见疏矣。庖牺氏、女娲氏、神农氏、夏后氏⑤，蛇身人面，牛首虎鼻：此有非人之状，而有大圣之德。夏桀、殷纣、鲁桓、楚穆⑥，状貌七窍，皆同于人，而有禽兽之心。而众人守一状以求至智，未可几也⑦。黄帝与炎帝战于阪泉之野⑧，帅熊、罴、狼、豹、貙、虎为前驱⑨，雕、鹖、鹰、鸢为旗帜⑩，此以力使禽兽者也。尧使夔典乐⑪，击石拊石⑫，百兽率舞⑬；《箫韶》九成⑭，凤皇来仪⑮：此以声致禽兽者也。然则禽兽之心，奚为异人？形音与人异，而不知接之之道焉⑯。圣人无所不知，无所不通，故得引而使之焉。禽兽之智有自然与人童者，其齐欲摄生⑰，亦不假智于人也⑱。牝牡相偶，母子相亲；避平依险，违寒就温；居则有群，行则有列；小者居内，壮者居外；饮则相携，食则鸣群。太古之时，则与人同处，与人并行。帝王之时，始惊骇散乱矣。逮于末世[19]，隐伏逃窜，以避患害。今东方介氏之国[20]，其国人数数解六畜之语者[21]，盖偏知之所得。太古神圣之人，备知万物情态，悉解异类音声。会而聚之，训而受之，同于人民。故先会鬼神魑魅[22]，次达八方人民，末聚禽兽虫蛾。言血气之类，心智不殊远也。神圣知其如此，故其所教训者无所遗逸焉。

【注释】

①童："同"的同声假借字。下文"童"皆同此义。

②遗：放弃，不取。

③倚：直立。趣：快步行走。

④傅：附着。

⑤庖牺氏：亦称"伏羲氏"或"牺皇"，神话中的人类始祖，相传他和女娲氏兄妹相婚而产生人类。女娲氏：神话中的人类始祖，曾用黄土造人，并炼五色石补天。神农氏：传说是农业和医药的发明者，曾尝百草，教人治病。夏后氏：禹，姓姒，受舜禅，建立夏朝，故一般称禹为"夏后氏"。

⑥夏桀：名履癸，夏朝末代君主，为政残暴。殷纣：即帝辛，名受，商朝末代君主，著名的暴君。鲁桓：即鲁桓公，名子允，春秋时鲁国国君。谋杀其兄鲁隐公而自立。楚穆：即楚穆王，名商臣，春秋时楚国国君。逼死其父楚成王而自立。

⑦几：通"冀"，希望，期待。

⑧炎帝：上古姜姓部落首领，号烈山氏。阪泉：古地名。一说，在今河北涿鹿东南；一说，在今山西运城盐池附近。

⑨羆(pí)：熊的一种，似熊而大，俗称"人熊"。貙(chū)：兽名。

⑩鹖(hé):鸟名,雉类。鸢(yuān):鸟名,鹰类猛禽。

⑪尧:名放勋,传说中陶唐氏部落首领。夔(kuí):人名,尧、舜时的乐官。典乐:掌管乐律。

⑫石:石制的磬,悬于架上,打击而鸣。拊:拍击。

⑬率:相从。

⑭《箫韶》:即《大韶》。虞舜乐曲名。九成:犹言九章、九阕。

⑮凤皇来仪:凤凰来临是古代传说中的大祥瑞。仪,礼节,仪式。这里作动词用,表示来参加仪礼。

⑯接:交际,交结。

⑰齐:都。摄生:养生,保养身体。

⑱假:借助。一说,通"遐",远。

⑲逮:到,及。末世:帝王之后的时代,含有衰乱之世的意思。

⑳介氏之国:虚构的国名。

㉑数数(shuò):汲汲,急迫的样子。此处意为勉强。六畜:指鸡、犬、牛、马、羊、豕六种家畜。

㉒魑魅(chī mèi):古代传说中山泽的鬼怪。

【译文】

形貌不必相同,而心智相同;心智不必相同,而形貌相同。圣人选取心智相同而遗弃形貌相同,世人却接近形貌相同而疏远心智相同。形貌和自己相同的,就亲近并且喜爱他;形貌与自己相异的,就疏远并且畏惧他。凡有七尺高的形骸,手脚的功能不相同,头上生发,口中有牙,能直立行走的,就叫做人;但人不一定没有禽兽之心。虽有禽兽之心,但因为形貌相同而被亲近了。身上附有翅膀,头上长触角,张牙舞爪,高高地飞翔或在地面俯伏奔走的,就叫做禽兽;但禽兽不一定没有人心。虽然有人心,但因为形貌不相同而被疏远了。庖牺氏、女娲氏、神农氏、夏后氏,长着蛇身人面,牛头虎鼻:有着不同于人的形貌,却具有大圣贤的品德。夏桀、殷纣、鲁桓、楚穆,他们的形貌七窍都与人相同,但却怀着禽兽之心。世人固守着同一形貌标准去寻求最高智慧的人,是没有希望找到的。黄帝与炎帝在阪泉的原野上作战,黄帝率领熊、罴、狼、豹、貙、虎等为先锋,以雕、鹖、鹰、鸢等为旗帜,这是用威力来使用禽兽。尧任用夔为乐官,主管音律,他击石磬打拍子,百兽纷纷随之起舞;他演奏虞舜的《箫韶》乐曲九阕,凤凰也飞来朝贺:这是用乐声来招致禽兽。既然如此,禽兽之心,又怎么会与人不同呢?只是它们的形貌音声与人不同,而人们不知道用什么办法与它们交流罢了。圣人没有不知道的,没有不通晓的,所以能够召集并且驱使它们。禽兽的心智天然地有与人相同的地方,它们都要争取生存,这方面的智力并不比人低。雌雄结成配偶,母子互相亲爱;避开平地而依附险峻,躲开寒冷而趋就温暖;居处则有群体,出行则成行列;弱小的住在里面,强壮的守卫在外边;饮水时就互相提携,找到食物就呼朋引伴。太古的时候,禽兽和人共同居住,和人一起走动。到帝王出现的时候,禽兽才开始见人惊惶恐惧四散乱窜。到了衰乱的末世,禽兽见人就隐伏逃窜,以躲避祸害。现在东方介氏之国,国民勉勉强强懂一些六畜的语言,这是他们靠片面的知识而得到的才能。太古时代的神圣之人,完全知晓万物的性情状态,完全了解异类的音声。把它们会集起来,训练它们接受调教,看待它们像看待人民一样。所以首先朝会神鬼妖怪,其次招致八方人民,最后聚集禽兽昆虫。这说明有血气的物类,心智相差不会很远。圣人知道这个道理,因此他们所教化训练的物类就没有什么遗漏。

宋有狙公者[①],爱狙,养之成群。能解狙之意,狙亦得公之心。损其家口,充狙之欲。

俄而匮焉[②],将限其食。恐众狙之不驯于己也,先诳之曰:“与若芧[③],朝三而暮四,足乎?”众狙皆起而怒。

俄而曰:“与若芧,朝四而暮三,足乎?”众狙皆伏而喜。

物之以能鄙相笼[4]，皆犹此也。圣人以智笼群愚，亦犹狙公之以智笼众狙也。名实不亏，使其喜怒哉！

【注释】

①狙（jū）公：养猴子的老头。

②俄而：不久。匮：匮乏，缺少。

③芧（xù）：橡栗。

④能：智巧。鄙：鄙俗。笼：笼络。

【译文】

宋国有位饲养猴子的老翁，很喜爱猴子，养的猴子成群结队。他了解猴子的性情，猴子也懂得他的心意。老翁削减家人的口粮，以满足猴子的食欲。

不久，家里的粮食匮乏了，他要限制猴子的口粮。担心猴子不肯驯服，听自己的话，就先诳骗它们说："给你们吃橡栗，早上三颗，晚上四颗，够吗？"猴子们都跳了起来，十分生气。

过了一会儿，老翁又说："给你们吃橡栗，早上四颗，晚上三颗，够了吧？"猴子们都伏在地上，十分高兴。

世间万物之所以用智巧或鄙俗的方法可以笼络，道理就在这里。圣人用智慧来笼络愚人，就像养猴老翁用智力来笼络猴子一样。名义和实际都不亏损，却能使他们欢喜或愤怒。

纪渻子为周宣王养斗鸡[1]。

十日而问："鸡可斗已乎？"

曰："未也，方虚骄而恃气[2]。"

十日又问。

曰："未也，犹应影响[3]。"

十日又问。

曰："未也，犹疾视而盛气。"

十日又问。

曰："几矣。鸡虽有鸣者，已无变矣。望之似木鸡矣，其德全矣。异鸡无敢应者，反走耳[4]。"

【注释】

①纪渻(shěng)子：虚构的人物。

②虚骄：虚浮而骄矜。恃气：自恃意气。

③影：指鸡的身影。响：指鸡鸣声。

④反走：掉身逃跑。

【译文】

纪渻子为周宣王驯养斗鸡。

过了十天周宣王问："鸡可以斗了吗？"

回答说："不行，它正虚浮骄妄，自恃意气。"

过了十天再问。

回答说："不行，它还对别的鸡的身影和鸣声有所反应。"

过了十天又问。

回答说："不行，它还目光锐利而富于盛气。"

过了十天再问。

回答说："差不多了。其他鸡虽然有鸣叫的，它已经不为所动了。看上去就像一只木鸡，它的自然德行完备了。别的鸡没有敢应战于它的，纷纷掉身逃跑了。"

惠盎见宋康王[1]。康王蹀足謦欬[2]，疾言曰："寡人之所说者[3]，勇有力也，不说为仁义者也。客将何以教寡人？"

惠盎对曰："臣有道于此，使人虽勇，刺之不入，虽有力，击之弗中。大王独无意邪？"

宋王曰："善，此寡人之所欲闻也。"

惠盎曰："夫刺之不入，击之不中，此犹辱也。臣有道于此，使人虽有勇，弗敢刺，虽有力，弗敢击。夫弗敢，非无其志也。臣有道于此，使人本无其志也。夫无其志也，未有爱利之心也。臣有道于此，使天下丈夫女子，莫不驩然皆欲爱利之④。此其贤于勇有力也，四累之上也⑤。大王独无意邪？"

宋王曰："此寡人之所欲得也。"

惠盎对曰："孔、墨是已⑥。孔丘、墨翟，无地而为君，无官而为长；天下丈夫女子莫不延颈举踵而愿安利之。今大王，万乘之主也，诚有其志，则四竟之内皆得其利矣⑦。其贤于孔、墨也远矣。"宋王无以应。

惠盎趋而出。宋王谓左右曰："辩矣⑧，客之以说服寡人也！"

【注释】

①惠盎：人名，亦作"惠孟"，与战国时期名家惠施同族。宋康王：战国时宋国国君。

②蹀足：顿足。謦欬（qǐng kài）：咳嗽。

③说：同"悦"，喜爱。

④驩：通"欢"。

⑤四累：指"勇有力"，"刺之不入，击之不中"，"弗敢刺"、"弗敢击"，"本无其志"四种情况。累，堆叠，引申为层次。

⑥墨：墨子，名翟，春秋战国时期墨家学派创始人。

⑦四竟之内：指全国。竟，通“境”。

⑧辩：能言善道。

【译文】

惠盎拜见宋康王。康王顿足咳嗽，急躁地说：“我所喜欢的是勇武有力，不喜欢仁义那一套。你准备用什么来教我啊？”

惠盎回答说：“我这儿有道术，使人虽然勇猛，却刺不进我，虽然有力，却击不中我。大王难道对此不感兴趣吗？”

宋王说：“好，这是我想听听的。”

惠盎说：“刺我不进，击我不中，这对我来说仍是一种耻辱。我这儿有道术，使人即使勇猛而不敢来刺我，即使有力也不敢来击我。这种不敢，并非没有刺人击人的想法。我这儿有道术，使人根本没有刺人击人的念头。没有刺人击人的念头，也还没有爱护和有利于他人的想法。我这儿有道术，使天下男子女子，没有不欢欢喜喜地爱护和有利于他人的。这要比勇猛有力更加高明，是在前面说的四种境界之上。大王难道对此没有兴趣吗？”

宋王说：“这是我想要得到的。”

惠盎答道：“孔子、墨子就是啊。孔丘、墨翟，没有国土而被视为君王，没有官衔而被视为尊长；天下的男子女子，没有不伸长头颈踮起脚跟，希望安抚和有利于他们的。现在大王您，身为万乘之主，若能真有这样的想法，那么全国上下都能得到好处了。这与孔、墨相比又要高明得多啦。”宋王无言以对。

惠盎快步走了出去。宋王对左右近臣说：“真是能说会道啊，他以这一番话说服我了。”

周穆王

【题解】

本篇旨在宣扬浮生若梦，得失哀乐皆为虚妄的思想。作者精心勾勒出一幅幅瑰丽奇异的画面，为我们展现了神妙莫测的幻化境界，却又让它倏起倏灭，以期证明有生有形者尽为虚无的幻象，终将随着生死阴阳之变归于消亡；唯有造化万物的大道，因“其巧妙，其功深”，才能够常信常存，无极无穷。但是现实生活中，人们往往“惑于是非，昏于利害”，被新鲜短暂的过眼云烟所吸引，从而忽略了惯常恒久的实在拥有。因此，全文通过八则寓言，分别以化、幻、觉、梦、病、疾、诳等意象来譬喻人生的虚妄不实。另有一段议论，畅言梦觉之理，见解不凡。作者历数人间受想行识、种种梦谛，将其归纳为“八征”、“六候”，而后征引列子“神遇为梦，形接为事”一语，推断觉醒时的行为反应与梦境的产生，都是由于人们的形体和精神与外界有所接触的缘故。唯有彻悟“感变之所起者”，才能以虚静坦荡的心怀面对纷纭变幻的外部世界，即所谓“神凝者想梦自消”。

刘向《列子新书目录》以为《周穆王》、《汤问》两篇“迂诞恢诡，非君子之言也”，此语颇可商榷。自本篇以观，正因其立意之标新，寓言之荒诞，文辞之曼妙，方可见撰书者用心良苦。其目睹大道日丧，众生昏乱于世情而终不觉醒，故寄言于梦呓。内中痛楚，本非凡俗“君子”者可解。

周穆王时[1]，西极之国有化人来[2]，入水火，贯金石；反山川，移城邑；乘虚不坠，触实不硋[3]。千变万化，不可穷极。既已变物之形，又且易人之虑。穆王敬之若神，事之若君。推路寝以居之[4]，引三牲以进之，选女乐以娱之。化人以为王之宫室卑陋而不可处，王之厨馔腥蝼而不可飨[5]，王之嫔御膻恶而不可亲[6]。穆王乃为之改筑。土木之功，赭垩之色[7]，无遗巧焉。五府为虚[8]，而台始成。其高千仞，临终南之上[9]，号曰中天之台。简郑、卫之处子娥媌靡曼者[10]，施芳泽[11]，正蛾眉，设笄珥[12]，衣阿锡[13]，曳齐纨[14]，粉白黛黑，佩玉环，杂芷若以满之[15]，奏《承云》、《六莹》、《九韶》、《晨露》以乐之[16]。月月献玉衣，旦旦荐玉食。化人犹不舍然[17]，不得已而临之。

居亡几何，谒王同游。王执化人之祛[18]，腾而上者，中天乃止。暨及化人之宫。化人之宫，构以金银，络以珠玉；出云雨之上而不知下之据，望之若屯云焉[19]。耳目所观听，鼻口所纳尝，皆非人间之有。王实以为清都、紫微、钧天、广乐[20]，帝之所居。王俯而视之，其宫榭若累块积苏焉[21]。王自以居数十年不思其国也。化人复谒王同游，所及之处，仰不见日月，俯不见河海。光影所照，王目眩不能得视；音响所来，王耳乱不能得听。百骸六藏[22]，悸而不凝。意迷精丧，请化人求还。化人移之，王若殒虚焉[23]。既寤，所坐犹向者之处，侍御犹向者之人。视其前，则酒未清，肴未昲[24]。王问所从来。左右曰："王默存耳。"

由此穆王自失者三月而复。更问化人。化人曰："吾与王神游也，形奚动哉？且曩之所居，奚异王之宫？曩之所游，奚异王之圃？王闲恒有，疑蹔亡㉕。变化之极，徐疾之间，可尽模哉㉖？”王大悦。不恤国事，不乐臣妾，肆意远游。命驾八骏之乘㉗，右服骅骝而左绿耳㉘，右骖赤骥而左白䕯㉙，主车则造父为御㉚，裔𪊽为右㉛；次车之乘，右服渠黄而左逾轮，左骖盗骊而右山子，柏夭主车，参百为御，奔戎为右。驰驱千里，至于巨蒐氏之国㉜。巨蒐氏乃献白鹄之血以饮王㉝，具牛马之湩以洗王之足㉞，及二乘之人。已饮而行，遂宿于昆仑之阿㉟，赤水之阳㊱。别日升于昆仑之丘，以观黄帝之宫，而封之以诒后世㊲。遂宾于西王母，觞于瑶池之上㊳。西王母为王谣㊴，王和之，其辞哀焉。西观日之所入，一日行万里。王乃叹曰：“於乎！予一人不盈于德而谐于乐，后世其追数吾过乎！”

穆王几神人哉！能穷当身之乐，犹百年乃徂㊵，世以为登假焉。

【注释】

①周穆王：名姬满，西周国王，昭王之子。

②西极之国：西方极远的国家。古代对玉门关以西地区的泛称，实无确指。化人：有幻术的人。

③硋（ài）：阻碍。

④路寝：古代君王处理政务的宫室。

⑤厨馔（zhuàn）：食物。腥蝼：类似蝼蛄的臭味。飨（xiǎng）：通“享”，享用。

⑥嫔御：嫔妃。

⑦赭(zhě):本指红土。这里引申为红褐色。垩(è):本指白土。这里引申为白色。

⑧五府:指太府、玉府、内府、外府、膳府,古代国家收藏财货的五个府库。

⑨终南:即终南山,位于今陕西西安西南。

⑩简:拣选。郑:古国名。卫:古国名。娥媌(miáo):美丽,妖艳。靡曼:柔弱。

⑪芳泽:化妆用的脂粉香膏。

⑫笄(jī):古代束发用的簪子。珥:珠玉做的耳饰。

⑬阿:东阿,在今山东东阿。锡:细布。

⑭齐纨:齐地出产的白色细绢。

⑮芷若:白芷和杜若,皆为香草名。

⑯《承云》、《六莹》、《九韶》、《晨露》:皆为传说中的古乐曲名。

⑰舍然:释然。舍,通"释"。

⑱祛(qū):衣袖。

⑲屯云:积聚的云层。

⑳清都、紫微:传说中天帝居住之所。钧天、广乐:传说中天上的音乐。这里指仙乐弹奏之所。

㉑累块:堆积的土块。积苏:堆放的柴草。

㉒百骸:指人的所有骨节。六藏:即六脏。藏,通"脏"。

㉓殒虚:从虚空中坠落。殒,通"陨",坠落。

㉔晞(fèi):曝晒。这里引申为晒干。

㉕蹔:通"暂",暂时。

㉖模:揣测,捉摸。

㉗八骏:指周穆王的八匹名马,即下文所说的:骅骝、绿耳、赤骥、白羲、渠黄、逾轮、盗骊、山子。

㉘服:古代一车驾四马,中间的两匹叫"服"。

㉙骖：一车四马中旁侧的两匹叫“骖”。白𧰼（yì）：马名，或作“白仪”、“白牺”。
㉚造父：人名，传说中善于驾御马车的人。
㉛𧺆𥩈（tài bǐng）：人名，也为周穆王之善御者。
㉜巨蒐（qú sōu）氏之国：即“渠搜”，西戎国名。
㉝白鹄：白天鹅。
㉞湩（dòng）：乳汁。
㉟昆仑：即昆仑山，在新疆、西藏之间，西接帕米尔高原，东延入青海境内。阿：山之曲隅。
㊱赤水：源于昆仑山的水流。阳：通常指山的南面，水的北岸。
㊲封：堆积。诒（yí）：遗留。
㊳觞（shāng）：饮酒。瑶池：神话传说中昆仑山的池名，为西王母所居。
㊴谣：不配乐的歌。
㊵徂：死亡。

【译文】

周穆王时，西方极远的国家来了一位有幻化之术的人，能够潜身水火，穿过金石；能够颠倒山河，移动城池；能够飘摇在虚空中不下坠，触及实物不受阻碍。千变万化，不可穷尽。他既能改变物体的形态，又能改变人们的思想。周穆王崇敬他就像崇敬神灵，奉侍他就像侍奉君王。让出最好的宫室给他居住，拿祭祀用的牛、羊、猪向他敬献，挑选能歌善舞的美女供他娱乐。化人却认为穆王的宫殿卑微简陋无法居住，穆王的食物腥臭腐败无法享用，穆王的嫔妃膻臭丑陋无法亲近。于是穆王为他另筑新宫。土木雕刻精工细作，装饰粉刷斑斓五彩，巧妙程度无与伦比。国库为之耗尽，楼台方才落成。它高耸千仞，倚临终南山峰，号称中天之台。简选郑国、卫国妖艳柔媚的年轻女子，涂抹香膏，淡扫蛾眉，头戴金簪，耳垂珠环，身穿东阿的轻软丝裙，腰系齐国的细致绢带，敷着莹白的蜜粉，染着清朗的黛眉，带着精美的玉环，佩着白芷、杜若各类香草，演奏《承云》、《六莹》、《九韶》、《晨露》等古曲来取悦化人。月月进献玉衣，天天供奉美食。化人仍然不觉满足，不得已才到中天之台居住。

没过多久，他邀请穆王同去游玩。穆王牵着化人的衣袖，腾空而上，飞到半空中才停止。于是就到了化人的宫殿。化人的宫殿以金银构筑，用珍珠宝玉装饰；耸立在云雨之上而不知下面有什么凭靠，远望去宛如堆积的云层。耳闻、目见、鼻嗅、口尝，都不是人间所能有的。穆王确信这儿就是天帝居住的清都紫微宫，就是奏着钧天广乐曲的仙居。穆王再俯身看看自己的宫殿，亭台楼阁只像是累叠的土块和堆积的乱草。穆王以为即使在这儿住上几十年也不会思念自己的国家。化人又邀请穆王一起去游玩，所到的地方，抬头不见日月，俯身不见河海。光影照耀之处，穆王眼花缭乱无法逼视；音响回荡之源，穆王耳内杂扰无法听清。全身的骨节、五脏六腑，惊悸得不能专注。穆王心志迷乱，精神颓丧，请求化人带他回去。化人将他一推，穆王就像从虚空中坠落下来。醒来之后，所坐的仍然是原先的地方，侍奉两旁的仍然是原先的人。看看面前，酒尚未澄清，菜肴尚未变干。穆王询问自己从何而来。左右侍从答道："大王您只是静默地神游了一会儿。"

从此，穆王茫然若失了三个月才复原。穆王再去问化人。化人说："我和大王是在梦中神游，身体何尝动过呢？而且先前居住的地方，又和大王自己的宫殿有什么不同？先前游览的地方，又和大王自己的园圃有什么不同？大王习惯于恒久的实有，疑惑于暂时的虚无。事物变化的极致，时光流逝的缓急，怎可能全部透彻把握呢？"穆王听罢，大为喜悦。他不再关心国家政务，不再迷恋臣仆姬妾，肆意到远方遨游。他命令侍从驾驶由八匹骏马拉的车辆。第一辆中间有服马两匹，右为骅骝，左为绿耳；旁侧两匹骖马，右边是赤骥，左边是白羲，穆王主乘，造父为御手，离商为车右；随从的第二辆车中间有服马两匹，右边是渠黄，左边是逾轮；旁侧两匹骖马，左边是盗骊，右边是山子，柏夭主乘，参百为御手，奔戎为车右。奔驰了千里，来到巨蒐国。巨蒐氏献上白天鹅的鲜血供穆王饮用，备好牛马的乳汁供穆王洗脚，主副车的随从也都享受到他们的款待。宴饮之后继续出发，住宿在昆仑山麓，赤水北岸。第二天登上昆仑山，观赏黄帝的宫殿，并堆起土堆，为后世留下标记。之后到西王母处做客，在瑶池上畅饮。西王母为穆王吟咏歌谣，穆王随之唱和，辞调哀婉动人。又向西观看太阳落山的地方，一天下来，行程万里。于是穆王叹道："呜呼！我这个人道德并不完满却自在地享乐，后世将要追述我的过失啊！"

穆王差不多就是神人啊！享尽此生的欢乐，还活到一百岁才去世，世人都认为他登上仙境远去了。

老成子学幻于尹文先生①，三年不告。老成子请其过而求退。

尹文先生揖而进之于室，屏左右而与之言曰："昔老聃之徂西也②，顾而告予曰：有生之气，有形之状，尽幻也。造化之所始，阴阳之所变者，谓之生，谓之死。穷数达变，因形移易者，谓之化，谓之幻。造物者其巧妙，其功深，固难穷难终。因形者其巧显，其功浅，故随起随灭。知幻化之不异生死也，始可与学幻矣。吾与汝亦幻也，奚须学哉？"

老成子归，用尹文先生之言深思三月，遂能存亡自在，憣校四时③；冬起雷，夏造冰；飞者走，走者飞。终身不箸其术，故世莫传焉。

子列子曰："善为化者，其道密庸④，其功同人。五帝之德⑤，三王之功⑥，未必尽智勇之力，或由化而成。孰测之哉？"

【注释】

①老成子：战国时宋国人。尹文：战国时齐国人。

②徂：去，往。

③憣(fān)：通“翻”，翻转，颠倒。校(jiào)：亦作“交”，交错。

④庸：作用。

⑤五帝：指黄帝、颛顼、帝喾、唐尧、虞舜。

⑥三王：指夏禹、商汤、周文王和周武王。

【译文】

老成子向尹文先生学幻术，过了三年也没有得到尹文的传授。老成子请他指出自己的过错并表示要退学回家。

尹文先生拱手作揖，把老成子请进内室，屏退旁人，对他说：“以前老聃去往西方的时候，回头对我说：富于生机的气息，具有形状的事物，都是虚幻的。天地的开端，阴阳的变化，就叫做生，叫做死。穷究自然规律，通达变化本源，随着事物形体转移变易，就叫做化，叫做幻。创造万物的自然，它的天机巧妙，它的功德深远，本来就难以穷尽，难以终结。而随着形体变易的，它的机巧明显，它的功德浅薄，所以随时产生，随时幻灭。懂得了幻化与生死之间本无差异，才可以开始学习幻术。我和你的存在也不过是一场虚幻，还有什么需要学的呢？”

老成子回到家，把尹文先生的话深深思考了三个月，于是便能自在地掌握存亡的规律，变换四季的运转；冬天可以让雷鸣，夏天可以造冰雪；让那天上飞翔的到地面行走，让那地上行走的到天空飞翔。老成子终身没有炫耀自己的幻术，所以后世便失传了。

列子说：“善于幻化的人，他的道法总是暗暗地发生作用，他的功绩也宛如常人。五帝的美德，三王的功业，不一定全凭智慧与勇猛的力量，也可能是凭借幻化的作用而成就的。谁又能猜测到这些呢？”

觉有八征，梦有六候。奚谓八征？一曰故，二曰为，三曰得，四曰丧，五曰哀，六曰乐，七曰生，八曰死。此者八征，形所接也。奚谓六候？一曰正梦，二曰蘁梦[1]，三曰思梦，四曰寤梦，五曰喜梦，六曰惧梦。此六者，神所交也。

不识感变之所起者，事至则惑其所由然；识感变之所起者，事至则知其所由然。知其所由然，则无所怛[2]。一体之盈虚消息，皆通于天地，应于物类。故阴气壮，则梦涉大水而恐惧；阳气壮，则梦涉大火而燔爇[3]；阴阳俱壮，则梦生杀。甚饱则梦与，甚饥则梦取。是以以浮虚为疾者，则梦扬；以沉实为疾者，则梦溺。藉带而寝，则梦蛇；飞鸟衔发，则梦飞。将阴梦火，将疾梦食。饮酒者忧，歌舞者哭。

子列子曰："神遇为梦，形接为事。故昼想夜梦，神形所遇。故神凝者想梦自消。信觉不语，信梦不达，物化之往来者也。古之真人，其觉自忘，其寝不梦，几虚语哉？"

【注释】

①蘁(è)梦：即噩梦。蘁，惊噩。

②怛(dá)：恐惧，惊疑。

③燔(fán)：烧。爇(ruò)：烧灼。

【译文】

觉醒时有八种状况，睡梦中有六种占验。什么叫做八种状况？一是事故，二是作为，三是获得，四是丧失，五是悲哀，六是欢乐，七是生存，八是死亡。这就是八种状况，是形体与外界接触所产生的。什么叫做六种占验？一是因为日常生活而做梦，二是受到惊悸而做梦，三是心有所思而做梦，四是醒来依旧出神而做梦，五是喜乐欢愉而做梦，六是心生恐怖而做梦。这六种预言，是精神与外界交感所产生的。

不了解感应变化的起源，事情一旦发生就会对它的由来感到迷惑；

了解了感应变化的起源，事情一旦发生就能够明白它的由来。理解了事情的由来就不会再惊忧恐惧了。人体的充盈或亏虚，消长或停息，都与天地相通，与外界事物相应。因此阴气旺盛，就会梦见涉足大水而感到恐惧；阳气旺盛，就会梦见徒步大火而被烧灼；阴阳之气都旺盛，就会梦见生死相杀。吃得过饱就会梦见付出给予，肚子饥饿就会梦见索取掠夺。所以，脉象虚浮的病人会梦到自己飞扬，脉象沉实的病人会梦到自己溺水。压着衣带睡觉，就会梦见蛇；飞鸟来衔头发，就会梦见飞翔。气血要转为阴冷就会梦见烤火，即将生病的就会梦见进食。饮酒的人将要做忧愁的梦，欢歌纵舞的人将要做哭泣的梦。

列子说："精神遭遇外界就形成梦，形体与万物交接就会产生事情。所以日有所思，夜有所梦，是精神、形体与外界接触的结果。所以精神凝静的人，空想与幻梦都会自然消失。真正的觉醒无须用言语表达，真正的梦幻无法以常情通晓，都只是万物自然交互变化的境地。古时候的真人，觉醒时忘却了自身的存在，睡眠时不受梦境的干扰，这难道是空话吗？"

西极之南隅有国焉，不知境界之所接，名古莽之国。阴阳之气所不交，故寒暑亡辨；日月之光所不照，故昼夜亡辨。其民不食不衣而多眠。五旬一觉，以梦中所为者实，觉之所见者妄。

四海之齐①，谓中央之国，跨河南北，越岱东西②，万有馀里。其阴阳之审度，故一寒一暑；昏明之分察，故一昼一夜。其民有智有愚。万物滋殖，才艺多方。有君臣相临，礼法相持。其所云为不可称计。一觉一寐，以为觉之所为者实，梦之所见者妄。

东极之北隅有国，曰阜落之国。其土气常燠③，日月馀光之照，其土不生嘉苗。其民食草根木实，不知火食，性刚悍，强弱相藉[4]，贵胜而不尚义；多驰步，少休息，常觉而不眠。

【注释】

①齐：通“脐”，中央。

②岱：即泰山。

③燠（yù）：暖，热。

④藉：欺凌。

【译文】

辽远的西方南部边隅有一个国家，不知道国境的边界与何处交接，名叫古莽之国。那儿阴阳之气不交合，所以不分寒暑；日月之光不照耀，所以不分昼夜。那儿的人们不吃不穿而且总是在睡觉。他们五十天醒来一次，将梦中所做的当作真实，醒来所见的当作虚妄。

四海的正中有个中央之国，地跨黄河南北，横越泰山东西，方圆超过万里。那儿的阴阳节度分明，所以一年中有一寒一暑；黑暗与光明的分界清晰，所以一天中有一昼一夜。那儿的人们有的智慧，有的愚笨。万物滋生繁衍，人们的才能技艺包罗万象。有君主和臣下临朝执政，有礼仪和法制维持统治。人们的言论与行为，多得难以列举和计数。每天一醒一睡，认为醒时所做的是真实，梦中所见的是虚妄。

辽远的东方北隅有一个国家，叫做阜落之国。那儿的土地与气候常常干旱燥热，昼夜都有日月光芒照耀着大地，田里长不出好庄稼。那儿的人们只吃草根和果实，不知道用火烧熟食物。天性刚强彪悍，强弱相互欺凌，注重胜利而不崇尚仁义；多半时候奔忙走动，很少休息，常常醒着而不睡觉。

周之尹氏大治产，其下趣役者侵晨昏而弗息[①]。有老役夫，筋力竭矣，而使之弥勤。昼则呻呼而即事，夜则昏惫而熟寐。精神荒散，昔昔梦为国君。居人民之上，总一国之事。游燕宫观[②]，恣意所欲，其乐无比。觉则复役。人有慰喻其懃者[③]，役夫曰："人生百年，昼夜各分。吾昼为仆虏，苦则苦矣；夜为人君，其乐无比。何所怨哉？"

尹氏心营世事，虑钟家业，心形俱疲，夜亦昏惫而寐。昔昔梦为人仆，趋走作役，无不为也；数骂杖挞，无不至也。眠中啽呓呻呼[④]，彻旦息焉。尹氏病之，以访其友。友曰："若位足荣身，资财有馀，胜人远矣。夜梦为仆，苦逸之复，数之常也。若欲觉梦兼之，岂可得邪？"尹氏闻其友言，宽其役夫之程，减己思虑之事，疾并少间[⑤]。

【注释】

①趣：奔走。

②燕：通"宴"，宴饮。

③懃（qín）：同"勤"，劳苦。

④啽呓（ān yì）：说梦话。

⑤疾：此处意为痛苦，忧虑。少：稍稍。间：间歇。此处意为缓解。

【译文】

周代有个姓尹的人大规模地经营产业，在他手下奔走服役的人们，从早忙到晚也不得休息。其中有个老仆役，已经累得筋疲力尽了，但对他的使唤却愈发频繁。老仆役白天呻吟哀呼着去做事，晚上就昏沉疲惫地熟睡。精神恍惚散乱，夜夜梦见自己成为一国之君。位居人们之上，统领一国政事。在宫殿楼观中游玩宴饮，恣意寻欢，为所欲为，其中的乐趣无可比拟。醒来后却又成了别人的仆役。有人劝慰开导他的劳苦，老役夫却说：“人生顶多一百年，白天黑夜各一半。我白天做人家的仆役，辛苦是辛苦点；夜里却做国王，快乐无比。还有什么要抱怨的呢？”

姓尹的人成天钻营世事，思虑都集中在家业上，精神与形骸都万分疲劳，晚上也昏沉疲惫而熟睡。夜夜梦见自己变成别人的奴仆，奔走服役，没有不做的；数落责骂、杖责鞭挞，没有不经受的。睡梦中呻吟哀呼，直到天亮方才得以平息。姓尹的人为此而忧苦困扰，便去拜访自己的朋友。朋友说：“你的地位足以使你荣耀，资产绰绰有馀，已经胜于常人许多了。夜里梦见做仆人，劳苦和安逸互相反复，这是自然的规律。如果想要醒时梦时都无比的快乐，怎么可能办到呢？”姓尹的人听了朋友的话，放宽役夫干活的限度，减轻自己思虑的世事，痛苦忧虑由此稍稍得以缓解。

郑人有薪于野者，遇骇鹿，御而击之[①]，毙之。恐人见之也，遽而藏诸隍中[②]，覆之以蕉[③]，不胜其喜。俄而遗其所藏之处，遂以为梦焉。顺途而咏其事。傍人有闻者，用其言而取之。既归，告其室人曰[④]：“向薪者梦得鹿而不知其处；吾今得之，彼直真梦矣。”室人曰：“若将是梦见薪者之得鹿邪？讵有薪者邪？今真得鹿，是若之梦真邪？”夫曰：“吾据得鹿，何用知彼梦我梦邪？”薪者之归，不厌失鹿[⑤]，其夜真梦藏之之处，又梦得之之主。爽旦[⑥]，案所梦而寻得之[⑦]。遂讼而争之，归之士师[⑧]。

士师曰：“若初真得鹿，妄谓之梦；真梦得鹿，妄谓之实。彼真取若鹿，而与若争鹿。室人又谓梦仞人鹿，无人得鹿。今据有此鹿，请二分之。”

以闻郑君。郑君曰：“嘻！士师将复梦分人鹿乎？”访之国相。国相曰:“梦与不梦,臣所不能辨也。欲辨觉梦,唯黄帝、孔丘。今亡黄帝、孔丘,孰辨之哉?且恂士师之言可也[9]。”

【注释】

①御(yà):迎。

②隍:干涸的水沟。

③蕉:通“樵”,柴草。

④室人:指妻子。

⑤厌:安心,甘心。

⑥爽旦:天亮。爽,明。

⑦案:通“按”,根据。

⑧士师:古代掌五禁之法者,相当于法官。

⑨恂(xún):信,顺从。

【译文】

郑国有个樵夫在野外砍柴,遇上一头受惊的鹿,迎头追击,杀死了它。他怕别人看见,连忙把死鹿藏在干涸的水沟里,盖上柴草,异常欢喜。没过多久,樵夫忘了藏鹿的地方,于是自以为做了一场梦而已。沿途回家,嘴里嘟囔着这件事。旁边有人听见,就按着他的话拿到了鹿。回家后,告诉妻子说:“刚才有个樵夫梦见自己得到一头鹿,但又不知道藏在哪里;我现在得到了它,他简直是做了个真实的梦啊。”妻子说:“你大概是梦见樵夫得到了鹿吧?真的有那个樵夫吗?现在真的得到这头鹿,是你自己做了个真实的梦吧?”丈夫说:“我已经据此得到了鹿,何必再去追究是他做梦还是我做梦呢?”樵夫回到家,不甘心就这么丢失了鹿,当天夜里真的梦见藏鹿的地方,又梦见取走鹿的那个人。第二天清早,按照梦中情境,找到了得鹿的人。于是两人为了鹿的归属争执起来,闹到了士师那里。

士师对樵夫说："你当初真的得到了鹿，却妄说是梦幻；真的梦见得到了鹿，又妄说是事实。他真的拿走了你的鹿，你又和他争鹿。他妻子又说是他梦中认取了别人的鹿，可见没有人真的得到过鹿。现在既然有一头鹿，就请你们各分一半吧。"

这事传到郑国国君那里。郑国国君说："嘻！士师大概也是在梦中替人分鹿吧？"为这事去寻访国相。国相说："做梦与不做梦，不是我所能辨别清楚的。要想辨别清醒与做梦，只有黄帝、孔丘能做到。现在黄帝与孔丘已不在世上，谁还能分辨得清呢？姑且按着士师的话办吧。"

宋阳里华子中年病忘，朝取而夕忘，夕与而朝忘；在途则忘行，在室则忘坐；今不识先，后不识今。阖室毒之[①]。谒史而卜之，弗占；谒巫而祷之，弗禁；谒医而攻之，弗已。

鲁有儒生自媒能治之[②]，华子之妻子以居产之半请其方。儒生曰："此固非卦兆之所占，非祈请之所祷，非药石之所攻。吾试化其心，变其虑，庶几其瘳乎[③]！"于是试露之，而求衣；饥之，而求食；幽之，而求明。儒生欣然告其子曰："疾可已也。然吾之方密，传世不以告人。试屏左右，独与居室七日。"从之。莫知其所施为也，而积年之疾一朝都除。

华子既悟，乃大怒，黜妻罚子[④]，操戈逐儒生。宋人执而问其以。华子曰："曩吾忘也，荡荡然不觉天地之有无。今顿识既往，数十年来存亡、得失、哀乐、好恶，扰扰万绪起矣。吾恐将来之存亡、得失、哀乐、好恶之乱吾心如此也，须臾之忘，可复得乎？"

子贡闻而怪之，以告孔子。孔子曰："此非汝所及乎！"顾谓颜回纪之。

【注释】

①毒:苦。

②自媒:自我推荐。

③瘳(chōu):病愈。

④黜(chù):贬斥,训骂。

【译文】

宋国有个名叫阳里华子的人,中年患了健忘症,早上拿的东西晚上就忘记,晚上给的东西早上就忘记;在路上忘记行走,在屋里忘记坐下;现在记不起过去,以后又记不起现在。全家都被他拖累苦了。请史官替他占卜,毫不灵验;请巫师替他祷告,禁制不了;请医生替他诊治,也是毫无起色。

鲁国有个儒生,自荐能治好他的病,华子的妻儿就以家产的一半求取他的药方。儒生说:"这病本来就不是卜卦能够占验的,也不是祈祷能够奏效的,同样也不是药石能够诊治的。我试着感化他的心灵,改变他的思想,差不多就能让他病愈了吧!"于是试着让华子裸露,一感到冷他就要穿衣服;试着让华子挨饿,一感到饿他就要吃东西;试着把华子幽闭在暗室,一感到昏暗华子就要求光明。儒生高兴地对华子的儿子说:"这病有救了。但我的方术是保密的,世代相传,不可以告诉外人。请屏退左右服侍的人,让我与他单独在屋里呆七天。"华子的儿子答应了他的请求。没有人知道他在屋里施行了什么法术,但华子长年积累的疾病居然彻底痊愈了。

华子从病中醒悟过来之后,勃然大怒,他斥骂妻子,责罚儿子,操起戈来驱赶儒生。宋国人抓住他问他为什么这样做。华子说:"以前我健忘,空空荡荡不觉得天地是否存在。现在突然懂得了过去的一切,数十年来的生死存亡、荣辱得失、哀痛欢乐、好恶喜厌,纷纷扰扰,犹如千头万绪一起涌上心头。我恐怕将来的生死存亡、荣辱得失、哀痛欢乐、好恶喜厌就像现在一样扰乱我的心灵,那时要想有片刻的忘却,还有可能吗?”

子贡听闻此事觉得很奇怪,就禀告孔子。孔子说:“这不是你所能理解的!”于是回过头叫颜回把它记下来。

秦人逢氏有子,少而惠①,及壮而有迷罔之疾②。闻歌以为哭,视白以为黑,飨香以为朽③,尝甘以为苦,行非以为是:意之所之,天地、四方,水火、寒暑,无不倒错者焉。

杨氏告其父曰:“鲁之君子多术艺,将能已乎。汝奚不访焉?”

其父之鲁。过陈,遇老聃,因告其子之证④。

老聃曰:“汝庸知汝子之迷乎?今天下之人皆惑于是非,昏于利害。同疾者多,固莫有觉者。且一身之迷不足倾一家,一家之迷不足倾一乡,一乡之迷不足倾一国,一国之迷不足倾天下。天下尽迷,孰倾之哉?向使天下之人其心尽如汝子,汝则反迷矣。哀乐、声色、臭味、是非,孰能正之?且吾之言未必非迷,而况鲁之君子迷之邮者⑤,焉能解人之迷哉?荣汝之粮⑥,不若遄归也⑦。”

【注释】

①惠:通“慧”,聪慧。

②迷罔:指精神错乱失常。

③朽:臭味。

④证:同“症”,病症。

⑤邮:通“尤”,甚,尤其。

⑥荣:负担。

⑦遄(chuán):迅速。

【译文】

秦国逢家有个儿子,小时候非常聪慧,长大了却得了精神错乱的疾病。听见歌声以为是哭泣,看见白色以为是黑色,闻到香味以为是腐臭,尝到甘甜以为是苦涩,做错了事情以为是对的:只要是他意念涉及的,天地、四方,水火、寒暑,没有不颠倒错乱的。

有一个姓杨的人告诉他父亲说:"鲁国的君子懂得多种道术技艺,或许能治愈你儿子的病吧?你何不去寻访他们呢?"

他父亲便赶去鲁国,途经陈国,遇见老聃,于是把儿子的病症告诉老子。

老聃说:"你又怎么知道你儿子的精神迷乱呢?现在普天下的人们都分不清是非,被利害关系弄得昏乱糊涂。患同一种病的人多了,就没有人能察觉病症。况且个人的迷乱不足以倾覆一家,一家人的迷乱不足以倾覆一乡,一乡人的迷乱不足以倾覆一国,一国人的迷乱不足以倾覆天下。天下人都精神错乱了,还有什么可倾覆的呢?假如天下人的心思都像你儿子一样,你反而成为精神错乱的人了。悲哀欢乐、声音美色、臭气香味、是非对错,谁又能给予正确的判断标准呢?而且我的这番话未必不是错乱之语,更何况鲁国那些君子精神尤其错乱,又怎么能解除别人的错乱迷惑呢?背上你的粮食,不如趁早回家去吧。"

燕人生于燕,长于楚,及老而还本国。

过晋国,同行者诳之,指城曰:"此燕国之城。"其人愀然变容。指社曰[①]:"此若里之社。"乃喟然而叹。指舍曰:"此若先人之庐。"乃涓然而泣[②]。指垄曰:"此若先人之冢。"其人哭不自禁。同行者哑然大笑[③],曰:"予昔绐若[④],此晋国耳。"其人大惭。

及至燕，真见燕国之城社，真见先人之庐冢，悲心更微。

【注释】

①社：祭祀社神的地方，俗称“土地庙”。

②涓然：慢慢流泪的样子。

③哑（è）然：形容笑声。

④绐（dài）：哄骗。

【译文】

有个燕国人在燕国出生，在楚国长大，到年老时回到燕国去。

路过晋国时，同行的人诳骗他，指着城墙说：“这是燕国的城墙。”那个人听了，凄怆地改变了面容。同行的人指着土地庙说：“这是你家乡的土地庙。”那个人听了，感慨地长叹。同行的人指着房舍说：“这是你祖先的房子。”那个人于是潸然泪下。同行的人指着坟墓说：“这是你祖宗的坟冢。”那个人禁不住嚎啕大哭起来。同行的人放声大笑，说：“我刚才骗你呢，这不过是晋国罢了。”那个人大为羞惭。

等到了燕国，真的见到了燕国的城垣和社庙，真的见到了祖先的旧居和坟墓，悲哀的情绪反而减弱了。

仲　尼

【题解】

《仲尼》，一曰《极智》。孔子本为儒家先贤，修身治国也是历代儒者所关心的话题。然而面对“君臣日失其序，仁义益衰，情性益薄”的严酷现实，儒家的诗书礼乐往往失去原先济世治乱的作用，而变为弃之可惜、革之无方的摆设。此刻，须由“体神而独运，忘情而任理”的道家思想出场，来给予迷惘的贤臣士子一份圆融静定的安宁心态。本篇作者便有意借用孔子的形象和言论来阐释这种“有易于内者无难于外”的修身理论。

文中以孔子与颜回的对话引出“无乐无知，是真乐真知”的观点。作者认为，摒弃礼教和变革社会都不过是显露形迹的有心作为，唯有保持内心虚静，才能泰然应对纷纭莫测的时局。同时，针对凡俗一味纠缠于外在细节，只知运用感官妄定是非的浅陋偏见，作者又提出判断圣人的独特标准：圣人通融于大道，故而在内修身，则能“体合于心，心合于气，气合于神，神合于无”，在外治世，亦可“不治而不乱，不言而自信，不化而自行，荡荡乎民无能名焉”。

篇末，作者为了预防矫枉过正，又将“默而得之而性成之”的圣人与庸庸碌碌的无能之辈加以区别对待，申明圣人之智寂然玄照，通理而无所偏执，无为而惠及天下；后者却好像聚块积尘，只不过是繁华人间转

瞬即逝的浮光掠影罢了。这不由使人想起孔子那句至理名言:“不患人之不己知,患己无能也。”(《论语·宪问》)

仲尼闲居,子贡入侍,而有忧色。子贡不敢问,出告颜回。

颜回援琴而歌。孔子闻之,果召回入,问曰:“若奚独乐?”

回曰:“夫子奚独忧?”

孔子曰:“先言尔志。”

曰:“吾昔闻之夫子曰‘乐天知命故不忧’,回所以乐也。”

孔子愀然有间曰[①]:“有是言哉?汝之意失矣。此吾昔日之言尔,请以今言为正也。汝徒知乐天知命之无忧,未知乐天知命有忧之大也。今告若其实:修一身,任穷达,知去来之非我,亡变乱于心虑,尔之所谓乐天知命之无忧也。曩吾修《诗》、《书》,正礼乐,将以治天下,遗来世;非但修一身,治鲁国而已。而鲁之君臣日失其序,仁义益衰,情性益薄。此道不行一国与当年[②],其如天下与来世矣?吾始知《诗》、《书》、礼乐无救于治乱,而未知所以革之之方。此乐天知命者之所忧。虽然,吾得之矣。夫乐而知者,非古人之所谓乐知也。无乐无知,是真乐真知;故无所不乐,无所不知,无所不忧,无所不为。《诗》、《书》、礼乐,何弃之有?革之何为?”

颜回北面拜手[③],曰:“回亦得之矣。”

出告子贡。子贡茫然自失,归家淫思七日[④],不寝不食,以至骨立[⑤]。颜回重往喻之，乃反丘门，弦歌诵书，终身不辍。

【注释】

①愀(qiǎo)然：容色改变。有间(jiàn)：一会儿。

②当年：毕生。

③北面拜手：古代学生敬师之礼。老师坐北朝南，学生向北叩拜。拜手，古代男子跪拜礼的一种，两膝跪地，两手拱合，俯头至手与心平，而不至地。

④淫思：深思。

⑤骨立：骨头突出来，形容人极度消瘦。

【译文】

孔子独自闲坐，子贡进屋去侍奉他，看见孔子面带忧色。子贡不敢问缘由，就出去告诉颜回。

颜回便抚琴唱歌。孔子听见了，果然招呼他进去，问道："你为什么独自快乐？"

颜回说："先生为什么独自忧愁？"

孔子说："先说说你的心思吧。"

颜回说道："我从前听先生说'乐从天道，知守命运，就不会忧愁'，这就是我快乐的原因。"

孔子凄然动容，过了一阵，才说："有过这样的话吗？你的理解错了。这是我以往说过的话罢了，让我用现在的话来为你纠正吧。你只知道乐天知命无忧的一面，却不知道乐天知命也饱含着巨大的忧愁。现在告诉你其中的道理：修养一己的身心，任由遭遇是穷困或显达，懂得人生的变迁并不由自己决定，内心不因外界纷扰而迷失错乱，这就是你所谓的乐天知命带来的无忧。从前我修编《诗》与《书》，端正礼乐制度，是要用来治理天下，并且流传后世；不仅为了修养自身，也不仅仅为了治理鲁国。而鲁国的君王与臣民日益丧失其应有的尊卑等级秩序，仁义道德也日益衰退，人性与真情日益淡薄。这种政治主张在一个国家、在我的有生之年尚且不能实现，那又如何在全天下、在后世推行呢？我这才明白《诗》、《书》、礼制乐律对于治理社会混乱并没有补救之效，而同时我又不知道如何改变根治这种局面的良方。这正是乐天知命的人所担忧的。即使这样，我已有所领悟。现在的乐与知，并非古人所谓的乐与知。无乐无知，才是真乐真知；所以无所不乐，无所不知，无所不忧，无所不为。对于《诗》、《书》、礼乐，何必去丢弃呢？又有什么必要去改变呢？”

颜回面北下跪叩拜，说道：“我也领悟了。”

他出门告诉子贡。子贡茫然不知所措，回到家中反复琢磨了七天，不睡不吃，弄得自己瘦骨嶙峋。颜回再次前去为他开导解谕，子贡才回到孔子门下，弹奏歌吟，诵读诗书，一辈子不曾停止。

陈大夫聘鲁[①]，私见叔孙氏[②]。

叔孙氏曰：“吾国有圣人。”

曰：“非孔丘邪？”

曰：“是也。”

“何以知其圣乎？”

叔孙氏曰：“吾常闻之颜回，曰：‘孔丘能废心而用形。’”

陈大夫曰：“吾国亦有圣人，子弗知乎？”

曰：“圣人孰谓？”

曰：“老聃之弟子有亢仓子者[③]，得聃之道，能以耳视而目听。”

鲁侯闻之大惊，使上卿厚礼而致之。亢仓子应聘而至。鲁侯卑辞请问之[④]。

亢仓子曰："传之者妄。我能视听不用耳目，不能易耳目之用。"

鲁侯曰："此增异矣。其道奈何？寡人终愿闻之。"

亢仓子曰："我体合于心，心合于气，气合于神，神合于无。其有介然之有⑤，唯然之音⑥，虽远在八荒之外，近在眉睫之内，来干我者，我必知之。乃不知是我七孔四支之所觉⑦，心腹六藏之所知⑧，其自知而已矣。"

鲁侯大悦。他日以告仲尼，仲尼笑而不答。

【注释】

①聘：古代国与国之间的遣使互访。

②叔孙氏：鲁国的贵族。

③亢仓子：人名，曾向老子学道。又作"庚桑楚"、"亢桑子"。

④卑辞：谦卑的言语。

⑤介然：微小的样子。介，通"芥"。

⑥唯然：形容声音轻微。

⑦四支：即四肢。支，同"肢"。

⑧六藏：一般说五脏，即心、肺、肝、脾、肾。《列子释文》："肾有两藏：其左为肾，右为命门。"

【译文】

陈国大夫出访鲁国，私下去会见叔孙氏。

叔孙氏说："我国有位圣人。"

陈国大夫说："莫非是孔丘么？"

叔孙氏说："是的。"

陈国大夫说："怎么知道他就是圣人呢？"

叔孙氏说："我常常听颜回说：'孔丘能够舍弃心智，只用形体。'"

陈国大夫说："我国也有位圣人，您不知道吗？"

叔孙氏说："这位圣人是谁？"

陈国大夫说："老聃的弟子中有个叫亢仓子的，掌握了老聃的道术，能够用耳朵看东西，用眼睛听声音。"

鲁侯听说了这件事，大为震惊，派遣上卿携带丰厚的礼物去邀请亢仓子。亢仓子应邀而至。鲁侯以谦卑的言辞向他请教。

亢仓子说："传话的人说错了。我能够不用眼睛看东西，不用耳朵听声音，却不能变换耳朵和眼睛原来的功能。"

鲁侯说："这就更加稀奇啦。这种道术究竟怎么样？我实在想听听。"

亢仓子说："我的形体契合于心智，心智契合于元气，元气契合于精神，精神契合于虚空。那些极细微的形物，极轻微的音响，即使远在八方荒蛮之地以外，或是近迫于眉睫之内，凡是来干扰我的，我必定都明了。竟不知道是我的七窍、四肢察觉到它们，还是心腹六脏感知到它们，自然而然地知道罢了。"

鲁侯十分高兴。过后将此事告诉孔子，孔子听了，笑而不答。

商太宰见孔子①，曰："丘圣者欤？"

孔子曰："圣则丘何敢，然则丘博学多识者也。"

商太宰曰："三王圣者欤？"

孔子曰："三王善任智勇者，圣则丘弗知。"

曰："五帝圣者欤？"

孔子曰："五帝善任仁义者，圣则丘弗知。"

曰："三皇圣者欤②？"

孔子曰："三皇善任因时者，圣则丘弗知。"

商太宰大骇，曰："然则孰者为圣？"

孔子动容有间，曰："西方之人有圣者焉，不治而不乱，不言而自信，不化而自行，荡荡乎民无能名焉。丘疑其为圣。弗知真为圣欤？真不圣欤？"

商太宰嘿然心计曰[③]："孔丘欺我哉！"

【注释】

①商：即宋国。宋人为商人后裔。且周初封微子于商丘，国号"宋"，故宋国又称"商"。太宰：古官名。殷代始置，西周时太宰掌管王室内外事务，有的还辅佐国君处理政事。

②三皇：传说中的古帝王。一说为天皇、地皇、泰皇；一说为天皇、地皇、人皇；一说为伏羲、女娲、神农；一说为伏羲、神农、祝融；一说为伏羲、神农、黄帝；一说为燧人、伏羲、神农。

③嘿（mò）然：沉默的样子。嘿，同"默"。心计：心里盘算思忖。

【译文】

宋国的太宰见到孔子，说："孔丘你是圣人吗？"

孔子说："圣人我怎么敢当，不过，我是个博学多识的人。"

太宰问："三王是圣人吗？"

孔子说："三王善于任用智慧勇敢的人，至于是不是圣人我可不知道。"

太宰问："五帝是圣人吗？"

孔子说："五帝善于任用推行仁义的人，至于是不是圣人我可不知道。"

太宰问："三皇是圣人吗？"

孔子说："三皇善于任用顺因时势的人，至于是不是圣人我可不知道。"

宋国太宰大为惊异，说："那么谁才是圣人呢？"

孔子神色有所改变，过了一会儿，说："西方有位圣人，不治理国政而国家不乱，不发表言论而自然得到信任，不施行教化而教化自然地流行，他的伟大，人们无法用恰当的言辞来称颂。我揣度着他就是圣人。不知道他真的是圣人？真的不是圣人？”

宋国太宰听了，默默思忖道：“孔丘在欺骗我吧！”

子夏问孔子曰：“颜回之为人奚若？”

子曰：“回之仁贤于丘也。”

曰：“子贡之为人奚若①？”

子曰：“赐之辩贤于丘也。”

曰：“子路之为人奚若②？”

子曰：“由之勇贤于丘也。”

曰：“子张之为人奚若③？”

子曰：“师之庄贤于丘也。”

子夏避席而问曰④：“然则四子者何为事夫子？”

曰：“居！吾语汝。夫回能仁而不能反，赐能辩而不能讷，由能勇而不能怯，师能庄而不能同⑤。兼四子之有以易吾，吾弗许也。此其所以事吾而不贰也⑥。”

【注释】

①子贡：复姓端木，名赐，字子贡，是孔子的弟子。

②子路：仲氏，名由，字子路，是孔子的弟子。

③子张：复姓颛孙，名师，字子张，是孔子的弟子。

④避席：古人席地而坐，离座起立，表示敬意。

⑤同：随和，合群。

⑥贰：怀疑，变心。

【译文】

子夏问孔子道："颜回的为人怎么样？"

孔子说："颜回的仁德胜过我。"

子夏问："子贡的为人怎么样？"

孔子说："端木赐的辩才胜过我。"

子夏问："子路的为人怎么样？"

孔子说："仲由的英勇胜过我。"

子夏问："子张的为人怎么样？"

孔子说："颛孙师的庄重胜过我。"

子夏站起来离开坐席，问道："既然如此，那么这四个人为什么还要来侍奉先生，拜您为师呢？"

孔子说："坐下！我告诉你。颜回能够仁爱却不能适时变通，端木赐能够巧辩却不能缄默内敛，仲由能够勇敢却不能适时退让，颛孙师能够庄重却不能谦逊合群。把他们四个人的优点合在一处来同我交换，我也不会答应。这就是他们侍奉我而从不三心二意的缘由。"

子列子既师壶丘子林，友伯昏瞀人，乃居南郭。从之处者，日数而不及。虽然，子列子亦微焉①。朝朝相与辩，无不闻。而与南郭子连墙二十年，不相谒请；相遇于道，目若不相见者。门之徒役以为子列子与南郭子有敌不疑②。

有自楚来者，问子列子曰："先生与南郭子奚敌？"

子列子曰："南郭子貌充心虚，耳无闻，目无见，口无言，心无知，形无惕③。往将奚为？虽然，试与汝偕往。"

阅弟子四十人同行。见南郭子，果若欺魄焉④，而不可与接。顾视子列子，形神不相偶，而不可与群。南郭子俄而指子列子之弟子末行者与言，衎衎然若专直而在雄者⑤。子列子之徒骇之。反舍，咸有疑色。

子列子曰：“得意者无言，进知者亦无言[6]。用无言为言亦言，无知为知亦知。无言与不言，无知与不知，亦言亦知。亦无所不言，亦无所不知；亦无所言，亦无所知。如斯而已。汝奚妄骇哉？”

【注释】

①微：道术精微。

②徒役：门徒弟子。役，也指门徒从者。敌：仇。

③惕(tì)：变易。

④欺魄：古代用来祈雨的土偶。

⑤衎衎(kàn)：刚直。专直：专断直率。在雄：争雄求胜。

⑥进知：什么都知道。进，通“尽”。

【译文】

列子师从壶丘子林、结交伯昏瞀人之后，就住到南面的外城。追随他并和他相处的人，每天数也数不过来。即使这样，列子的道术也堪称精微奇妙。每天与那些人相互辩论，远近闻名。但是他与南郭子隔墙而居二十年，相互不交往；在路上相逢，也好像没有看见对方似的。列子的门徒因此认定列子和南郭子之间有仇。

有一位从楚国来的人，问列子说：“先生为什么与南郭子结仇？”

列子说：“南郭子外貌充实，内心虚静，耳无所闻，目无所见，口无所言，心无所知，形骸无所变易。如果去找他又能干什么呢？尽管如此，试着和你一同前去看看。”

列子拣选了四十名弟子一起去。看到南郭子，果然像泥塑土雕，无法与他进行交流接触。他回过头来看看列子，形骸与心神相脱离，根本不可能合群共处。过了一会儿，南郭子指着列子的弟子中排在最后的那个，与他攀谈，从容果断仿佛专为辩论求胜一般。列子的门徒们对此感到十分惊骇。回到列子家，脸上都还挂着疑惧的神色。

列子说："领会真意的人无须言说，什么都知道的人也无须言说。将无言当作表述，也算是一种言说；将无知当作知道，也算是一种有知。而以无言作为不加表述，以无知作为不知道，也是一种言说和有知。所以也没有什么不能说的，也就没有什么不知道的；也没有什么值得说的，也就没有什么要知道的。不过如此而已。你们为什么还要无端惊惧呢？"

子列子学也①，三年之后，心不敢念是非，口不敢言利害，始得老商一眄而已。五年之后，心更念是非，口更言利害，老商始一解颜而笑。七年之后，从心之所念，更无是非；从口之所言，更无利害，夫子始一引吾并席而坐。九年之后，横心之所念，横口之所言，亦不知我之是非利害欤，亦不知彼之是非利害欤，外内进矣。而后眼如耳，耳如鼻，鼻如口，口无不同②。心凝形释，骨肉都融；不觉形之所倚，足之所履，心之所念，言之所藏。如斯而已。则理无所隐矣。

【注释】

①子列子学也：本段内容亦见《黄帝》，已有注释。

②口：衍文，当删。

【译文】

列子学习道术，三年之后，心里不敢存念是非，口中不敢言说利害，才博得老商氏斜看了一眼。五年之后，心里更加不敢存念是非，口中更加不敢言说利害，老商氏才开颜对他一笑。七年之后，任凭心里怎样去想，更加没有是非；任凭口中怎样去说，更加没有利害，先生这才开始让列子与他并席而坐。九年之后，放纵心思去想，放纵口头去说，也不知道自己的是非利害，也不知道别人的是非利害，身心内外完全融合于大道了。从那以后，眼睛的作用像耳朵一样，耳朵的作用像鼻子一样，鼻子的作用像嘴巴一样，没有什么不同的。心神凝聚，形体消散，骨骸血肉相互融合；感觉不到形体所倚赖的，脚下所踩踏的，心中所牵念的，言语所蕴藏的。不过如此而已。于是一切道理也就不能对他隐瞒了。

初，子列子好游。

壶丘子曰："御寇好游，游何所好？"

列子曰："游之乐所玩无故。人之游也，观其所见；我之游也，观其所变。游乎游乎！未有能辨其游者。"

壶丘子曰："御寇之游固与人同欤，而曰固与人异欤？凡所见，亦恒见其变。玩彼物之无故，不知我亦无故。务外游，不知务内观。外游者，求备于物；内观者，取足于身。取足于身，游之至也；求备于物，游之不至也。"

于是列子终身不出，自以为不知游。

壶丘子曰："游其至乎！至游者，不知所适；至观者，不知所眡[1]。物物皆游矣，物物皆观矣，是我之所谓游，是我之所谓观也。故曰：游其至矣乎！游其至矣乎！"

【注释】

①眡(shì)：古"视"字。

【译文】

早些时候，列子很喜爱外出游览。

壶丘子问他："御寇你喜好游览，这游览有什么值得喜好的呢？"

列子答道："游览的乐趣在于所赏玩的事物没有陈旧不变的。别人游览，有什么就看什么；我的游览，是为了观察事物的变化。游览啊游览！没有人能辨别这两种不同的游览。"

壶丘子说："御寇，你的游览本来就和别人一样，为何却说与人不同呢？凡是观赏事物，也常常能从中见到它们的变化。你只知道赏玩外物的更新变化，却不知道自身也在更新变化。致力于游览外部世界，却不懂得观察自己的内心。向外游览，就会要求外物的完备；反观内心，则能从自身获取充实完美。从自身获取完美，是游的最高境界；向外物要求完备，是不够理想的游览境界。"

从此以后，列子终身不再外出，自以为不懂得游览的道理。

壶丘子说："这才是游览的最高境界啊！最高深的游览，就是不知去往何方；最神妙的观赏，就是不知道观看的是什么。任何事物都游览了，任何事物都观赏了，这才是我所谓的游览，才是我所谓的观赏。所以说：这样的游览才到达最高境界了啊！这样的游览才到达最高境界了啊！"

龙叔谓文挚曰[①]："子之术微矣。吾有疾，子能已乎？"

文挚曰："唯命所听。然先言子所病之证[②]。"

龙叔曰："吾乡誉不以为荣，国毁不以为辱；得而不喜，失而弗忧；视生如死；视富如贫；视人如豕；视吾如人。处吾之家，如逆旅之舍；观吾之乡，如戎蛮之国[③]。凡此众疾，爵赏不能劝，刑罚不能威，盛衰、利害不能易，哀乐不能移。固不可事国君，交亲友，御妻子[④]，制仆隶。此奚疾哉？奚方能已之乎？"

文挚乃命龙叔背明而立，文挚自后向明而望之，既而曰："嘻！吾见子之心矣：方寸之地虚矣[⑤]。几圣人也！子心六孔流通，一孔不达。今以圣智为疾者，或由此乎！非吾浅术所能已也。”

【注释】

①龙叔：人名，相传为春秋宋国人。文挚：相传为战国时人，曾为齐威王治病。或认为是春秋时宋国良医，曾为齐文王治病，使文王怒而病愈。

②证：同“症”，症候。

③戎蛮之国：泛指落后荒蛮的偏远国家。

④御：主宰。

⑤方寸之地：指人心。虚：指世俗的名利情欲都已消除。

【译文】

龙叔对文挚说：“您的医术精微高明。我有疾病，您能治愈吗？”

文挚说：“一切听从您的吩咐。不过请先讲讲您的病症吧。”

龙叔说：“我受到乡人的称誉不觉得光荣，受到举国的诋毁不觉得耻辱；有所得时不觉得欢喜，有所失时也不觉得忧愁；看待生存如同死亡；看待富贵如同贫贱；看待人如同猪；看待自己如同别人。住在自己家，好像住在旅馆；看待我的家乡，好像偏远的荒蛮之国。所有这些病状，爵禄封赏不能将其劝止，严刑峻法不能将其威吓，盛衰利害不能将其变更，痛苦欢乐不能将其改动。自然我就不能事奉一国之君，结交亲戚朋友，主宰妻子儿女，管制仆役奴隶。这是什么病呢？有什么药方能够医好它呢？”

文挚便叫龙叔背对光站着，他从后面对着光亮观望，过了一会儿说：“嘻！我见到您的心了：您的心已经空虚了。差不多是得道的圣人了！您的心窍中，六窍流通，只有一窍尚未通达。现在您把圣人的心智当作疾病，大约就是这个原因吧！并不是我浅薄的医术所能治愈的。”

无所由而常生者，道也。由生而生，故虽终而不亡，常也。由生而亡，不幸也。有所由而常死者，亦道也。由死而死，故虽未终而自亡者，亦常也。由死而生，幸也。故无用而生谓之道，用道得终谓之常；有所用而死者亦谓之道，用道而得死者亦谓之常。

季梁之死，杨朱望其门而歌。随梧之死，杨朱抚其尸而哭。隶人之生[①]，隶人之死，众人且歌，众人且哭。

【注释】

①隶人：泛指一般人。

【译文】

无所凭借而永远存在的，是道。依照生存之道而生存，所以即使生命终结了，为生之道也不会灭亡，这是常理。依照生存之道应该活着却死去的，是不幸。有所凭借而最终死去，也是道。依照死亡之道而死去，所以即使生命没有终结而自行消亡的，也是常理。依照死亡之道应当死去却活着的，是侥幸。所以无所依凭而生存的称作道，依照大道而生命得以终结的称作常理；有所凭借而死去的也称作道，依照大道而得以死去的也称为常理。

季梁死去，杨朱遥望着他的家门歌唱。随梧死去，杨朱抚着他的尸体痛哭。常人的诞生，常人的死去，众人或是歌唱，众人或是哭泣。

目将眇者[①]，先睹秋毫[②]；耳将聋者，先闻蚋飞[③]；口将爽者[④]，先辨淄、渑[⑤]；鼻将窒者[⑥]，先觉焦朽；体将僵者，先亟犇佚[⑦]；心将迷者，先识是非：故物不至者则不反。

【注释】

①眇(miǎo):瞎,失明。

②秋毫:鸟兽在秋天新长出的细毛。比喻极细微的事物。

③蜹(ruì):蚊子。

④爽:差。

⑤淄(zī)、渑(shéng):皆为古水名,在今山东境内。

⑥窒:堵塞。这里引申为失去嗅觉。

⑦亟(jí):急切。犇(bēn)佚:亦作“奔逸”,轻松地奔跑疾驰。

【译文】

眼睛将要失明的人,反而先能看清细微的毫毛;耳朵将要失聪的人,反而先能听见蚊子飞舞的声音;口舌将要失去味觉的人,反而先能分辨淄水和渑水滋味的差异;鼻子将要失去嗅觉的人,反而先能觉察焦烂腐朽的气味;身体将要僵仆的人,反而先能轻快地奔逸;心智将要迷乱的人,反而先能识别是非:所以事物不发展到极点就不会走向它的反面。

郑之圃泽多贤①,东里多才②。

圃泽之役有伯丰子者③,行过东里,遇邓析④。

邓析顾其徒而笑曰:“为若舞彼来者⑤,奚若?”

其徒曰:“所愿知也。”

邓析谓伯丰子曰:“汝知养养之义乎?受人养而不能自养者,犬豕之类也;养物而物为我用者,人之力也。使汝之徒食而饱,衣而息,执政之功也。长幼群聚而为牢藉庖厨之物⑥,奚异犬豕之类乎?”

伯丰子不应。

伯丰子之从者越次而进曰⑦:“大夫不闻齐鲁之多机

乎[8]？有善治土木者，有善治金革者，有善治声乐者，有善治书数者，有善治军旅者，有善治宗庙者，群才备也。而无相位者，无能相使者。而位之者无知，使之者无能，而知之与能为之使焉。执政者，乃吾之所使，子奚矜焉？”

邓析无以应，目其徒而退。

【注释】

①圃泽：地名，在今河南中牟，即《天瑞》中的“郑圃”。

②东里：地名，在今河南新郑城内。

③役：门徒，弟子。伯丰子：列子门徒，又作“百丰”。

④邓析：春秋末郑国辩智之士，法家先驱，实为名家。作《竹刑》，子产用之。

⑤舞：嘲弄。

⑥牢：关牲畜的栏圈。藉：竹木围绕成的栅栏。

⑦越次：越过尊卑秩序。

⑧机：机巧，机智。

【译文】

郑国的圃泽有许多贤德之士，东里有许多才智之士。

圃泽的弟子中有个叫伯丰子的，路过东里，遇见邓析。

邓析回头对弟子笑着说：“我为你们嘲弄嘲弄那个过来的人，怎么样？”

他的弟子说：“这正是我们愿意看看的。”

邓析对伯丰子说：“你知道受人供养和自食其力的含义么？受人供养而不能自食其力的，等于和狗猪同类；豢养他物而他物为我所用的，这是人的能力。让你们这些人吃得饱，穿得暖，睡得好，是执政者的功劳。你们老老少少聚在一处，就好比住在牛羊栅圈里，嚼着厨房里的饭菜，和狗啊猪啊之类有什么差别？”

伯丰子不搭理他。

伯丰子的弟子越过尊卑秩序，上前对邓析说：“大夫没听说过齐鲁之邦有众多机智之士么？有擅长设计土木建筑的，有擅长制造兵器铠甲的，有擅长谱曲奏乐的，有擅长写书算术的，有擅长指挥军队的，有擅长主持宗庙仪式的，各类人才都齐备了。但他们中间却没有居于相应高位的人，没有谁能支使谁。凌驾于他们之上的人没有知识，支使他们的人没有能力，而有知识有才能的人却被他们使唤。执政者正是被我们所使唤的，您还得意什么呢？”

邓析无言以对，用眼神示意他的弟子们转身退去了。

公仪伯以力闻诸侯①，堂谿公言之于周宣王②，王备礼以聘之。公仪伯至，观形，懦夫也。宣王心惑而疑曰：“女之力何如？”

公仪伯曰：“臣之力能折春螽之股③，堪秋蝉之翼④。”

王作色曰⑤：“吾之力能裂犀兕之革⑥，曳九牛之尾，犹憾其弱。女折春螽之股，堪秋蝉之翼，而力闻天下，何也？”

公仪伯长息退席，曰：“善哉王之问也！臣敢以实对。臣之师有商丘子者，力无敌于天下，而六亲不知；以未尝用其力故也。臣以死事之。乃告臣曰：‘人欲见其所不见，视人所不窥；欲得其所不得，修人所不为。故学眎者先见舆薪，学听者先闻撞钟。夫有易于内者无难于外。于外无难，故名不出其一家。’今臣之名闻于诸侯，是臣违师之教，显臣之能者也。然则臣之名不以负其力者也，以能用其力者也；不犹愈于负其力者乎？”

【注释】

①公仪伯:周朝贤士。复姓公仪。

②堂谿公:周朝贤士。复姓堂谿。

③春螽(zhōng):昆虫,又名“螽斯”,身体绿色或褐色,触角呈丝状,有的种类无翅。股:大腿。

④堪:胜任。一说,通“戡”,刺破。

⑤作色:变脸色。

⑥兕(sì):古代犀牛一类的兽名。

【译文】

公仪伯以力气大而闻名于诸侯,堂谿公把这事告诉了周宣王,宣王便备下厚礼去聘请他。公仪伯来了,看样子,却是个懦弱无力的人。宣王心生疑惑,问道:“你的力气怎么样?”

公仪伯说:“我的力气能够折断春螽的大腿,能够刺破秋蝉的翅膀。”

宣王脸色一变,说:“我的力气能够撕裂犀兕的皮革,拖住九头牛的尾巴,心里还遗憾它太小。你只能折断春螽的大腿,刺破秋蝉的翅膀,却以力气大而闻名天下,为什么呢?”

公仪伯长叹一声,离开座位,郑重地说:“大王问得好啊!我斗胆告以实情。我有位老师名叫商丘子,力气之大,天下无敌,而他的父母兄弟妻子却一概不知;因为他从来没有运用他的力量。我死心塌地地事奉他。他才对我说:‘一个人要看见别人看不见的事物,观察别人没有察觉到的地方;要得到别人得不到的东西,修习别人做不到的事情。所以练习眼力的人,要先去观察车上的柴草;练习听力的人,要先去聆听撞钟的声响。内心感到容易了,那么在外部世界实施起来也就不难了。在外做得不困难,所以名声就传不出自己家。’现在我的名声在诸侯间传播,是我违背了师父的教导,显示自己能耐的缘故。然而我的名声不是依靠力气获得的,而是因为能够恰当地使用力气而得来的;这不是仍然胜过那些光凭力气著称的人吗?”

中山公子牟者[①],魏国之贤公子也。好与贤人游,不恤国事,而悦赵人公孙龙[②]。乐正子舆之徒笑之[③]。

公子牟曰:“子何笑牟之悦公孙龙也?”

子舆曰:“公孙龙之为人也,行无师,学无友,佞给而不中[④],漫衍而无家,好怪而妄言。欲惑人之心,屈人之口,与韩檀等肄之[⑤]。”

公子牟变容曰:“何子状公孙龙之过欤?请闻其实。”

子舆曰:“吾笑龙之诒孔穿[⑥],言‘善射者能令后镞中前括[⑦],发发相及,矢矢相属[⑧];前矢造准而无绝落[⑨],后矢之括犹衔弦,视之若一焉。’孔穿骇之。龙曰:‘此未其妙者。逢蒙之弟子曰鸿超[⑩],怒其妻而怖之。引乌号之弓[⑪],綦卫之箭[⑫],射其目。矢来注眸子而眶不睫[⑬],矢隧地而尘不扬[⑭]。’是岂智者之言与?”

公子牟曰:“智者之言固非愚者之所晓。后镞中前括,钧后于前。矢注眸子而眶不睫,尽矢之势也。子何疑焉?”

乐正子舆曰:“子,龙之徒,焉得不饰其阙?吾又言其尤者。龙诳魏王曰:‘有意不心。有指不至。有物不尽。有影不移[⑮]。发引千钧[⑯]。白马非马[⑰]。孤犊未尝有母[⑱]。’其负类反伦[⑲],不可胜言也。”

公子牟曰:“子不谕至言而以为尤也,尤其在子矣。夫无意则心同。无指则皆至。尽物者常有。影不移者,说在改也。发引千钧,势至等也。白马非马,形名离也。孤犊未尝有母，非孤犊也。”

乐正子舆曰：“子以公孙龙之鸣皆条也。设令发于馀窍[20]，子亦将承之。”

公子牟默然良久，告退，曰：“请待馀日，更谒子论。”

【注释】

①中山公子牟：即魏牟，魏国公子，名牟，因封于中山，故又称“中山公子牟”。

②公孙龙：姓公孙，名龙，字子秉，赵人，先秦名家的代表人物，提出“坚白同异”之论。

③乐正子舆：姓乐正，名子舆。其人无考。

④佞给：巧言善辩。不中：不合常理。

⑤韩檀：即桓团，姓桓，名团，战国时赵人，辩士。肄（yì）：研习。

⑥诒（dài）：欺骗。孔穿：孔子的六世孙，字子高。

⑦镞（zú）：箭头。括：通“栝”，箭的末端。

⑧相属（zhǔ）：连缀，相连。

⑨造准：射中箭靶。绝落：断落。

⑩逢蒙：亦作“逢门”，夏朝擅长射箭的人。传说他曾经学射于羿。鸿超：逢蒙的弟子。

⑪乌号之弓：古代良弓，相传为黄帝所有。

⑫綦（qí）卫：古代一种产生于綦地的箭。綦，地名。卫，箭羽。

⑬睫：眨眼。

⑭隧：通“坠”，掉落。

⑮有影不移：意谓影子从来不移动。物体运动时，影子时时改换，前影并非后影，连续的影子是由无数一现即灭的影子构成的，每个一现即灭的影子都可以看作是固定不动的。

⑯发引千钧：意谓一根头发丝可以悬起千钧重物。事物断裂必然

是因为有薄弱环节，如果处处相等，那么即使细如发丝，悬起重物，也不会断裂。

⑰白马非马：意谓“白马”不是“马”。“白”是命“色”，“马”是命“形”，形、色不相干，所以说“白马”就是“白马”，不能偏去“白”，也不能偏去“马”。故称“白马非马”。

⑱孤犊未尝有母：意谓孤牛犊未曾有母亲。既然“孤”，自然没有母亲，因此说“孤犊未尝有母”。这个命题割裂了时间的前后联系，事实上应当说“孤犊尝有母，今无母”。

⑲负类：无类比附。反伦：违反常理。

⑳馀窍：指肛门。

【译文】

中山公子牟，是魏国的贤公子。喜欢同贤人交游，不关心国家政事，却欣赏赵国人公孙龙。乐正子舆那班人都笑话他。

公子牟问：“你们为什么嘲笑我对公孙龙的欣赏呢？”

子舆说：“公孙龙的为人，行为没有老师教导，学习没有朋友切磋，巧言善辩而不合事理，散漫荒诞而不成流派，喜好标新立异而胡说八道。总想要迷惑人们的心灵，折服人们的口舌，专和韩檀这些人一起研讨歪门邪道。”

公子牟神色一变，说：“你对公孙龙的描述指斥怎么这样过分？请让我听听具体的根据。”

子舆说：“我是笑话公孙龙欺骗孔穿的情形，说‘善于射箭的人能够让后面一支箭的箭头射中前面一支箭的箭尾，每一发都紧跟着，每一支都相连接；最前面的箭射中靶心，中间的箭也不曾跌落，最后面那支箭的箭尾正好搭在弓弦上，望过去就好像一支长箭似的。’孔穿惊异不已。公孙龙说：‘这还不是最奇妙的。逢蒙的弟子名叫鸿超，对妻子发怒的时候就恐吓她。拉开黄帝的乌号良弓，搭上綦卫的利箭，直射她的眼睛。箭飞到眼前，她连眼皮都不曾眨一下，箭落到地上，也不扬起一丁点儿尘土。'这些难道是智者应当说的话么?"

公子牟说:"智者的言谈自然不是愚笨的人所能通晓的。后箭的箭头射中前箭的箭尾,是因为用力均衡,瞄准无误,前后一致。箭射到眼睛而眼皮不眨一下,是因为箭势刚好完全耗尽。你还怀疑什么呢?"

乐正子舆说:"你是公孙龙一伙的人,怎么会不掩饰他的缺陷与错误?我再说说他更加荒谬的地方。公孙龙诓骗魏王说:'意念不是本心。指称得不到本质。物体永远分割不尽。影子是不会移动的。头发丝能悬起千钧重物。白马不是马。孤牛犊不曾有过母亲。'他背叛类比的常规,违反公认的常理,这样的例子举不胜举。"

公子牟说:"你不理解这些至理名言而将它们看作荒谬,其实荒谬的恰恰是你自己。消除了意念,就与本心相同。取消了指称,就能得到万物的实质。物体分割到最后,仍然有物体存在。影子不移动,是因为它处在不断的改动之中。头发丝能悬引千钧重物,是由于手里完全均衡。白马不是马,是把具体事物与名称分开对待。孤牛犊未尝有母亲,有了母亲就不算孤牛犊了。"

乐正子舆说:"你把公孙龙的奇谈怪论都奉若金科玉律。要是他放个屁,你恐怕也会去奉承的。"

公子牟沉默许久,告辞道:"请等上几天,我再来找你辩论。"

尧治天下五十年,不知天下治欤,不治欤?不知亿兆之愿戴己欤[①],不愿戴己欤?顾问左右,左右不知。问外朝,外朝不知。问在野,在野不知。

尧乃微服游于康衢[②],闻儿童谣曰:"立我蒸民[③],莫匪尔极[④]。不识不知,顺帝之则[⑤]。"尧喜问曰:"谁教尔为此言?"童儿曰:"我闻之大夫。"问大夫。大夫曰:"古诗也。"

尧还宫,召舜,因禅以天下。舜不辞而受之。

【注释】

①亿兆：泛指天下黎民百姓。戴：拥戴。

②康衢：四通八达的大路。

③蒸民：老百姓。蒸，通“烝”，众。

④匪：同“非”。极：中正的准则。

⑤则：榜样，准则。

【译文】

尧治理天下五十年，不知道天下治理好了，还是没有治理好？不知道天下万民愿意拥戴自己，还是不愿意拥戴自己？环顾询问左右大臣，近臣都不知道。询问外朝的官员，外朝的官员也不知道。询问民间的贤人，民间的贤人也不知道。

于是尧便改装成平民的模样在大街上私自察访，听到小孩儿唱着歌谣：“养育我众多子民，莫不是你的中正美德。不用知识也不用智慧，只需顺应帝王的法则。”尧高兴地问道：“谁教你们唱这首歌的？”小孩儿说：“我们从大夫那儿听来的。”去问大夫。大夫说：“这是古诗。”

尧回到宫里，召见舜，把天下禅让给他。舜没有推辞就接受了。

关尹喜曰：“在己无居，形物其箸①。其动若水，其静若镜，其应若响。故其道若物者也。物自违道，道不违物。善若道者，亦不用耳，亦不用目，亦不用力，亦不用心。欲若道而用视听形智以求之，弗当矣。瞻之在前，忽焉在后；用之弥满六虚②，废之莫知其所。亦非有心者所能得远，亦非无心者所能得近。唯默而得之而性成之者得之。知而亡情，能而不为，真知真能也。发无知，何能情？发不能，何能为？聚块也，积尘也，虽无为而非理也。”

【注释】

①箸:同“著”,显明。

②六虚:六合,即东、南、西、北、上、下。

【译文】

关尹喜说:“自己的内心无所偏执,外界的事理就自然显明。它动如流水,静如明镜,回应着一切如同回音。所以说道是顺从事物的。只有物违背了道,道却从不违背物。善于体悟道的人,也不用耳朵,也不用眼睛,也不用力气,也不用心智。想要体悟道而又用视觉、听力、形躯、心智去追求它,是不恰当的。看见它在前方,倏忽间它又在后面;它发生作用时充盈四方,不起作用时又不知去向何处。也不是有心求道的人所能够疏远,也不是无心求道的人所能够亲近。唯有虚静默然地体察本性的人才能够得到它。通理而无情,能干而无为,这才是真正的智识真正的能干。从无知出发,如何还能动情?从无能出发,如何还能作为?那聚集的土块,堆积的灰尘,虽然无所作为,却并非是至道的体现。”

汤 问

【题解】

《汤问》一篇，笔锋横扫天下，搜罗旷古奇闻，以飨博物君子。文中载有诸多超逸绝尘的神话传说，极言天地之广阔无垠，万物之繁荣驳杂，以期突破世人囿于视听的浅陋常识，消除种种流于表象的巨细、修短、同异分歧。作者先借由殷汤与夏革的对话，畅谈时空的无极无尽，并且难能可贵地表达了“天地亦物”的宇宙观；再通过大禹和夏革的两段言论，说明自然界的生息变幻以及人世间的寿夭祸福都是无所待而成，无所待而灭，即使博学多识的圣人也未必能够通晓其中的规律与奥秘。就好比四方八荒的政风民俗，彼此相异却未足为奇，因为它们都是在不同的人文地理环境下“默而得之，性而成之”，属于自然而然的产物。

万事万物既然不可以凭借有限的耳闻目见来臆断其是非有无，那么通达大道的至理名言自然也无法按照惯常思维去理解其深刻内涵。所以作者又以詹何持钩、扁鹊换心等寓言故事来譬喻为人处世所必须葆有的平衡状态，亦即“均”。“均”于术，则可以内得于心，外应于器；“均”于技，则可聆高山流水，响遏行云。事实上，文中讲述的所有诡异奇特的技艺，都是为了将人工作为的巧妙上推于道的境界，由此，“乃可与造化者同功”。只可惜，至情至理往往命同孔周三剑，虽为代代相传的至尊之宝，却只能“匣而藏之”，即使偶现其光，也被疑为了无一用的废物或是荒诞虚妄的谣传，从而被迫“无施于事”，遁形避世。

殷汤问于夏革[①]，曰：“古初有物乎？”

夏革曰：“古初无物，今恶得物？后之人将谓今之无物，可乎？”

殷汤曰：“然则物无先后乎？”

夏革曰：“物之终始，初无极已。始或为终，终或为始，恶知其纪？然自物之外，自事之先，朕所不知也。”

殷汤曰：“然则上下八方有极尽乎？”

革曰：“不知也。”

汤固问。

革曰：“无则无极，有则有尽；朕何以知之？然无极之外复无无极，无尽之中复无无尽。无极复无无极，无尽复无无尽。朕以是知其无极无尽也，而不知其有极有尽也。”

汤又问曰：“四海之外奚有？”

革曰：“犹齐州也[②]。”

汤曰：“汝奚以实之？”

革曰：“朕东行至营[③]，人民犹是也。问营之东，复犹营也。西行至豳[④]，人民犹是也。问豳之西，复犹豳也。朕以是知四海、四荒、四极之不异是也[⑤]。故大小相含，无穷极也。含万物者，亦如含天地。含万物也故不穷，含天地也故无极。朕亦焉知天地之表不有大天地者乎？亦吾所不知也。然则天地亦物也。物有不足，故昔者女娲氏练五色石以补其阙；断鳌之足以立四极[⑥]。其后共工氏与颛顼争为帝[7]，怒而触不周之山[8]，折天柱[9]，绝地维[10]；故天倾西北，日月辰星就焉；地不满东南，故百川水潦归焉[11]。”

汤又问：“物有巨细乎？有修短乎？有同异乎？”

革曰：“渤海之东不知几亿万里，有大壑焉[12]，实惟无底之谷，其下无底，名曰归墟[13]。八纮九野之水[14]，天汉之流[15]，莫不注之，而无增无减焉。其中有五山焉：一曰岱舆[16]，二曰员峤[17]，三曰方壶[18]，四曰瀛洲[19]，五曰蓬莱[20]。其山高下周旋三万里，其顶平处九千里。山之中间相去七万里，以为邻居焉。其上台观皆金玉，其上禽兽皆纯缟[21]。珠玕之树皆丛生[22]，华实皆有滋味，食之皆不老不死。所居之人皆仙圣之种；一日一夕飞相往来者，不可数焉。而五山之根无所连箸[23]，常随潮波上下往还，不得蹔峙焉[24]。仙圣毒之[25]，诉之于帝。帝恐流于西极，失群仙圣之居，乃命禺彊使巨鳌十五举首而戴之[26]。迭为三番，六万岁一交焉。五山始峙而不动。而龙伯之国有大人[27]，举足不盈数步而暨五山之所，一钓而连六鳌，合负而趣[28]，归其国，灼其骨以数焉[29]。于是岱舆、员峤二山流于北极，沉于大海，仙圣之播迁者巨亿计[30]。帝凭怒[31]，侵减龙伯之国使阨[32]，侵小龙伯之民使短。至伏羲神农时，其国人犹数十丈。从中州以东四十万里得僬侥国[33]，人长一尺五寸。东北极有人名曰诤人[34]，长九寸。荆之南有冥灵者[35]，以五百岁为春，五百岁为秋。上古有大椿者[36]，以八千岁为春，八千岁为秋。朽壤之上有菌芝者[37]，生于朝，死于晦。春夏之月有蠓蚋者[38]，因雨而生，见阳而死。终北之北有溟海者[39]，天池也。有鱼焉，其广数千里，其长称焉[40]，其名为鲲[41]。有鸟焉，其名为鹏[42]，翼若垂天之云，其体称焉。世岂知有此物哉？大禹行而见之，伯益知而名之[43]，夷坚闻而志之[44]。江浦之间生麼虫[45]，其名曰焦螟[46]，群飞而集于蚊睫，弗相触也。栖宿去来，蚊弗觉也。离朱、子羽方昼拭眦扬眉而望之[47]，弗见其形；䚦俞、师旷方夜擿耳俛首而听之[48]，弗闻其声。唯黄帝与容成子居空峒之上[49]，同斋三月，心死形废；徐以神视，块然见之，若嵩山之阿；徐以气听，砰然闻之，若雷霆之声。吴楚之国有大木焉，其名为櫾[50]，碧树而冬生，实丹而味酸；食其皮汁，已愤厥之疾[51]。齐州珍之，渡淮而北而化为枳焉[52]。鸜鹆不逾济[53]，貉逾汶则死矣[54]；地气然也。虽然，形气异也，性钧已，无相易已。生皆全已，分皆足已。吾何以识其巨细？何以识其修短？何以识其同异哉？”

【注释】

①殷汤：又称“武汤”、“武王”、“天乙”、“成汤”，或称“成唐”。甲骨文称“唐”、“大乙”，又称“高祖乙”。商朝的建立者。殷，朝代名。商王盘庚从奄(今山东曲阜)迁到殷，因而商也被称为殷。整个商代，亦或称“商殷”、“殷商”。夏革(jí)：人名，又作“夏棘”，字子棘，为汤大夫。

②齐州：中央之州，泛指中国。齐，通“脐”，意谓中央。

③营：营州，古十二州之一，在今辽宁一带。

④豳(bīn)：古邑名，在今陕西旬邑西。

⑤四海、四荒、四极：四海，泛指全国各地。四荒，泛指四方边荒之地。四极，泛指四方极远之地。《尔雅》：“九夷、八狄、七戎、六蛮谓之四海。觚竹、北户、西王母、日下谓之四荒。东泰远、西邠国、南濮铅、北祝栗谓之四极。”

⑥鳌(áo):传说中的海中大龟。

⑦共工氏:传说中古代部族首领。颛顼(zhuān xū):传说中古代部族首领。号高阳氏。为“五帝”之一。

⑧不周之山:古代传说中的山名。不周,意即有缺口。

⑨天柱:古代神话中的擎天柱。

⑩地维:谓地的四角。古人以为天圆地方,天有九柱支撑,地有四维系缀。

⑪潦(lǎo):积水。

⑫大壑:指大海。

⑬归墟:指大海最深之处,意谓众水之所归。

⑭八纮(hóng):八极,泛指极端辽远的地方。九野:天之八方中央。

⑮天汉:天河,即银河。传说天河与海相通。

⑯岱舆:古代传说中的海上神山。

⑰员峤:古代传说中的海上神山。峤,山锐而高。

⑱方壶:古代传说中的海上神山。一曰“方丈”。

⑲瀛洲:古代传说中的海上神山。

⑳蓬莱:古代传说中的海上神山。

㉑纯缟:纯白色。

㉒玕(gān):美石,似珠玉。

㉓箸:同“著”,着落。

㉔蹔(zàn)峙:短暂停留。

㉕毒:烦恼。

㉖禺(yú)彊:古代神话中的北极之神,人首鸟身。

㉗龙伯之国:古代传说中的大人国。

㉘趣:赶路。

㉙数:占卜。

㉚播迁:迁移。

㉛凴(píng):愤懑。
㉜侵减:逐渐减少。阨:通“隘”,狭小。
㉝僬侥(jiāo yáo)国:古代传说中的矮人国。
㉞诤人:古代传说中的小人。
㉟荆:荆州,古九州之一。冥灵:木名,生江南,以叶生为春,叶落为秋。
㊱大椿:木名。传说中的神树,以八千年为春,八千年为秋。
㊲朽壤:由腐败植物所构成土壤。菌芝:野生菌类。
㊳蠓蚋:小飞虫。
㊴终北:传说中古国名,位于极北处。溟海:传说中极北处的大海,水黑色。
㊵称(chèn):相称。
㊶鲲:小鱼。这里借作大鱼名。
㊷鹏:即古“凤”字,传说中的大鸟名。
㊸伯益:亦称“大费”。古代嬴姓各族的祖先。传说善于畜牧和狩猎,被舜任为虞,掌管草木鸟兽,供应鲜食。
㊹夷坚:古代传说中博闻多识之人。
㊺江浦:水滨,江边。麽(mó):细小。
㊻焦螟:古代传说中极小的虫。
㊼离朱:古代传说中的明目者,百步之外可见秋毫之末。子羽:古代传说中的明目者。
㊽鯱(zhì)俞:古代传说中的善听者。师旷:春秋晋国乐师,字子野。目盲,善弹琴,精于辨音。擿(zhì):搔爬。俛(fǔ):“俯”的异体字,低头。
㊾容成子:古代传说中的得道之人。空峒:亦作“崆峒”,山名,在今甘肃平凉西。
㊿櫾(yòu):同“柚”,柚树。

㉛愦厥:由于体内之气郁结而产生的痉挛昏厥。

㉜淮:淮河。枳(zhǐ):亦称“枸橘”,果肉少而味酸,不堪食用。

㉝鸜鹆(qú yù):鸟名,即八哥。济:济水。

㉞貉(hé):兽名,俗称“狗獾”。汶:当为四川岷江。

【译文】

商汤问夏革说:“远古之初有物存在吗?”

夏革答道:“如果远古之初没有物的存在,现在怎么会有物呢?未来的人们要是说我们现在没有物的存在,可以吗?”

商汤问:“那么事物的产生就没有先后吗?”

夏革答道:“事物的终结与开始,本是没有什么界定的。开始或许就是终结,终结或许就是开始,又怎么弄清这些头绪呢?至于物之外、事之先的情况,我就不知道了。”

商汤问:“那么天地八方有尽头吗?”

夏革答道:“不知道。”

商汤坚持问下去。

夏革答道:“虚空自然没有极限,实有自然不会穷尽;我怎么知道这些的呢?没有极限之外更是连没有极限都没有,没有穷尽之中更是连没有穷尽都没有。没有极限再加上没有没有极限,没有穷尽再加上没有没有穷尽。我因此知道它们是没有极限、没有穷尽的,而不知道它们是有极限、有穷尽的。”

商汤又问道:“四海之外还存在什么?”

夏革答道:“就像四海之内一样。”

商汤问道:“你凭什么证明是这样呢?”

夏革说:“我向东走到营州,看见那儿的人们也像这里一样。问他们营州的东面怎么样,说是也像营州一样。我向西走到豳州,看见那儿的人们也像这里一样。问他们豳州的西面怎么样,说是也像豳州一样。我因此知道四海之内、四方边荒、世界尽头都和这儿没什么两样。

所以大小事物互相包含，没有尽头和极限。包含万物，就像包含天地一样。包含万物所以就没有穷尽，包含天地所以就没有极限。我又怎么知道天地之外没有比天地更大的存在呢？这也是我所不知道的。然而天地也不过是物。既然是物，必定会有不足之处，所以从前女娲氏采炼五色石来修补天空的缺损；拗断大龟的四肢来支撑四方极边。那以后共工氏和颛顼争夺帝位，他失败之后恼羞成怒，一头撞在不周山上，撞崩了擎天柱，弄断了系地绳；所以天空就朝西北方向倾斜，日月星辰也跟着移向那里；大地在东南方向塌陷，百川积水也就全部汇集到了那里。”

商汤又问：“事物有大小之分吗？有长短之别吗？有同和异的分辨吗？”

夏革答道：“在渤海东面不知道几亿万里远的地方，有片浩瀚的海洋，其实是一个无底的深谷，它下面没有底，所以名叫归墟。天上地下八极九方的滔滔流水，银河的滚滚波浪，无不灌注到这里，而归墟的水位并不曾因此而增高或减退。浩瀚的海洋中有五座山：第一座叫岱舆，第二座叫员峤，第三座叫方壶，第四座叫瀛洲，第五座叫蓬莱。每座山高低方圆达三万里，山顶有九千里平地。山与山之间相隔七万里，相邻分布在海上。山上的亭台楼观都是金玉所筑，奔驰的飞禽走兽都是皮毛雪白。珍珠宝玉一般的树木在山上遍地生长，花朵和果实都滋味鲜美，吃过之后就能长生不老。山上住着的都是神仙、圣人一流；朝朝暮暮在空中飘飞着互相往来的人，难以计数。但是，那五座山的根基无所维系着落，常常随着波涛起伏，上下颠簸，来回漂移，没有片刻的安定。仙圣们为此非常苦恼，便向天帝申诉此事。天帝担心那五座山漂流到西极，使神仙圣人们流离失所，于是命令禺彊指挥十五只大鳌抬起头来顶住仙山。他把大鳌分作三披，六万年交接一次。五座山这才安顿下来不再漂动。可是龙伯之国有个巨人，抬起脚没几步就来到五座山前，垂钓一次，就连钓起六只大鳌，他把它们一块儿背在肩上赶路，回了自己的国家，还烧灼大龟的甲骨来占卜。于是岱舆、员峤两座大山便失去依托，漂流到北极，沉到大海中去了，为此流离迁徙的神仙、圣人数以亿计。天帝勃然大怒，逐步削减龙伯之国的版图，使之慢慢狭小，又渐渐缩短了龙伯之国的人的身高，让他们变得矮小。即便如此，到了伏羲、神农的时代，他们国家的人还有数十丈高呢。从中州往东四十万里，有一个僬侥国，人们的身高只有一尺五寸。东北极地有种人名叫诤人，身高只有九寸。荆州南边有种冥灵树，以五百岁为一春，以五百年为一秋。上古时候有种大椿树，以八千岁为一春，以八千岁为一秋。朽木腐壤上有一种菌芝，早晨才出生，夜里就死去。春夏之际有蠓蚋那类小飞虫，碰上下雨就会出生，见到阳光立刻死亡。终北国的北边有一片溟海，叫做天池。那儿有种鱼，鱼背就宽数千里，身体长短也与之相称，鱼的名字叫鲲。那儿有种鸟，名字叫鹏，它的翅膀如同天空中无边的云彩，身体大小也同翅膀相称。世人哪里知道有这些东西呢？大禹巡行时见到了它们，伯益知道后为它们命名，夷坚听说后将它们记载下来。江边生长着一种极细小的虫子，名叫焦螟。它们成群飞舞，聚集在蚊子的睫毛上，互相也不会触及。它们在那儿栖息、停宿，蚊子也不会有所察觉。离朱、子羽在大白天擦拭眼睛瞪着眼仔细观察，看不见它们的身影；鯱俞、师旷在深夜里俯首搔耳地倾听，也听不见它们的声响。只有黄帝与容成子，居住在空峒山上，一块儿斋戒三个月，达到心如死灰形同废木的境界；然后缓缓地用心神去观察，才看到焦螟的形躯，仿佛有嵩山的丘陵一般大；再缓缓地用元气去聆听，才听到它们砰然作响，仿佛天上的雷电轰鸣。吴楚两国有种大树，名字叫柚，满树碧绿，冬夏常青，它的果实是丹红的，略带酸味；服用它的果皮和果汁，能够治愈体内气郁而引发的痉挛和昏厥。中原一带十分珍视它，但一种到淮河北岸去，柚就变成了酸涩难食的枳。八哥不能飞越济水，狗獾渡过岷江就要死亡；都是各地水土气候不同的缘故。尽管万物的形体气质有所差异，但各自的习性相对于各自生长环境而言都是平衡均等的，没法互相转换。生存条件都已完备，天分条件也都充足。我又如何识别它们的大小？如何识别它们的长短？如何识别它们的同异呢？”

太形、王屋二山①，方七百里，高万仞；本在冀州之南②，河阳之北③。

北山愚公者④，年且九十，面山而居。惩山北之塞⑤，出入之迂也，聚室而谋，曰：“吾与汝毕力平险，指通豫南⑥，达于汉阴⑦，可乎？”杂然相许。其妻献疑曰⑧：“以君之力，曾不能损魁父之丘⑨，如太形、王屋何？且焉置土石？”杂曰：“投诸渤海之尾⑩，隐土之北⑪。”遂率子孙荷担者三夫，叩石垦壤，箕畚运于渤海之尾。邻人京城氏之孀妻有遗男⑫，始龀⑬，跳往助之。寒暑易节，始一反焉。

河曲智叟笑而止之⑭，曰：“甚矣汝之不惠⑮！以残年馀力，曾不能毁山之一毛；其如土石何？”北山愚公长息曰：“汝心之固，固不可彻，曾不若孀妻弱子。虽我之死，有子存焉；子又生孙，孙又生子；子又有子，子又有孙：子子孙孙，无穷匮也，而山不加增，何苦而不平？”河曲智叟亡以应。

操蛇之神闻之⑯，惧其不已也，告之于帝。帝感其诚，命夸蛾氏二子负二山⑰，一厝朔东⑱，一厝雍南⑲。自此，冀之南、汉之阴无陇断焉⑳。

【注释】

①太形：即太行山，在今山西高原与河北平原之间。王屋：山名，在今山西境内。

②冀州：古地名，九州之一，现河北、山西、河南的黄河以北和辽宁

的辽河以西地区。

③河阳：古县名，在今河南孟县西。山之南、水之北为“阳”。

④愚公：虚构人物。

⑤惩：苦于。

⑥指通：直通。豫南：豫州南部，在今黄河以南的河南一带。

⑦汉阴：汉水南岸。山之北、水之南为“阴”。

⑧献疑：提出疑问。

⑨魁父：小山名。

⑩渤海之尾：渤海的边上。

⑪隐土：古代传说中的地名。

⑫孀妻：寡妇。遗男：遗腹子。

⑬龀(chèn)：同“龇”，小孩子换牙。

⑭智叟：虚构人物。

⑮惠：通“慧”，聪慧，明智。

⑯操蛇之神：传说中手中拿着蛇的山神。

⑰夸蛾氏：古代传说中的大力神。

⑱厝(cuò)：放置。朔：朔方，在今山西北部、内蒙古一带。

⑲雍：雍州，古九州之一，在今山西、陕西一带。

⑳陇：通“垄”，土丘。断：阻断，阻隔。

【译文】

太行、王屋两座大山，方圆七百里，高达一万仞；原本在冀州的南面，河阳的北面。

北山有个老头叫做愚公，年纪将近九十岁了，面对着大山居住。他苦于山北道路堵塞，进进出出要绕许多弯路，就召集全家人商量说：“我同你们竭尽全力去削平险阻，让大路直通豫州南边，达到汉水南面，行吗？”大家纷纷表示赞同。他的妻子却提出了疑问：“凭你的力量，连魁父这类小土丘也没法对付，还能拿太行、王屋这两座山怎么样呢？况且,那些挖出来的泥土、石块,又能放哪儿去呢?”大家七嘴八舌地说:“把它们扔到渤海边上、隐土北面去。”于是,愚公率领着儿孙中能够挑担子的三个人,敲石头、挖土块,用畚箕装上,运到渤海边上去。邻居京城氏家的寡妇有个遗腹子,才刚换牙,也跑来帮忙。寒来暑往,一年忙到头,才回来一趟。

河曲有个叫智叟的老头,笑着劝阻愚公说:“你也太不明智啦!凭着你风烛残年馀下的那点力气,连山上一株小草也动不了;还能拿那些泥土、石块怎么样呢?”北山愚公长叹一声说:“你的思想实在顽固,顽固得不能开窍,还不如人家寡妇家的小孩子。就算我死了,还有儿子在啊;儿子又生孙子,孙子又有儿子;孙子的儿子又有他的儿子,他的儿子又有孙子:子子孙孙,无穷无尽,而山是不会再增高了的,还愁不能挖平吗?”河曲智叟无话可答。

山神听闻此事,怕他们没完没了地挖下去,就去禀告天帝。天帝感动于愚公的诚心,于是下令夸蛾氏的两个儿子背走了两座大山,一座安放到朔方东部,一座安放到雍州南面。从此以后,冀州南部直到汉水的南面就没有大山的阻隔了。

夸父不量力①,欲追日影,逐之于隅谷之际②。渴欲得饮,赴饮河、渭③。河渭不足,将走北饮大泽④。未至,道渴而死。弃其杖,尸膏肉所浸,生邓林⑤。邓林弥广数千里焉。

【注释】

①夸父:古代传说中的人物。

②隅(yú)谷:古代传说中日落的地方,亦作“禺谷”。

③河:黄河。渭:渭河。

④大泽:大湖。传说在雁门以北。

⑤邓林:桃林。

【译文】

夸父自不量力，想去追逐太阳的影子，一直追到太阳落山之处的隅谷。他口渴了想要喝水，就奔赴黄河、渭河喝水。黄河、渭河的水不够喝，就预备跑到北面去喝大泽里的水。还没到达，就在路上渴死了。他扔弃的手杖，浸润在他尸体的脂膏血肉之中，生长出一片桃林。桃树林绵延弥漫，方圆达好几千里。

大禹曰："六合之间，四海之内，照之以日月，经之以星辰①，纪之以四时②，要之以太岁③。神灵所生，其物异形；或夭或寿，唯圣人能通其道。"

夏革曰："然则亦有不待神灵而生，不待阴阳而形，不待日月而明，不待杀戮而夭，不待将迎而寿，不待五谷而食，不待缯纩而衣④，不待舟车而行。其道自然，非圣人之所通也。"

【注释】

①经：经纬，引申为布满。

②纪：安排秩序。

③太岁：星宿名，俗称"岁星"，即木星。

④缯纩（zēng kuàng）：泛指丝绸。缯，古代对丝织品的总称。纩，丝绵。

【译文】

大禹说："上下四方，四海之内，日月照耀，星辰漫布，四时更替，又有太岁星的循环来规定纪年。神灵所孕育产生的万物，外形性质各不相同；有的短命，有的长寿，只有圣人能够通晓其中的道理。"

夏革说："然而也有不靠神灵的孕育而产生的，不需要阴阳交合就形成的，不倚赖日月的照耀就光亮的，不遭到杀戮就夭亡的，不特意调养就长寿的，不食用五谷就饱腹的，不穿着丝绵就暖身的，不凭借车船就行路的。这一切都是自然而然，不是圣人所能够通晓的。”

禹之治水土也，迷而失涂[①]，谬之一国。滨北海之北[②]，不知距齐州几千万里，其国名曰终北，不知际畔之所齐限[③]。无风雨霜露，不生鸟兽、虫鱼、草木之类。四方悉平，周以乔陟[④]。当国之中有山，山名壶领，状若甔甀[⑤]。顶有口，状若员环[⑥]，名曰滋穴。有水涌出，名曰神瀵[⑦]，臭过兰椒[⑧]，味过醪醴[⑨]。一源分为四埒[⑩]，注于山下。经营一国，亡不悉遍。土气和，亡札厉[⑪]。人性婉而从物，不竞不争；柔心而弱骨，不骄不忌；长幼侪居[⑫]，不君不臣；男女杂游，不媒不聘；缘水而居，不耕不稼；土气温适，不织不衣；百年而死，不夭不病。其民孳阜亡数[⑬]，有喜乐，亡衰老哀苦。其俗好声，相携而迭谣，终日不辍音。饥惓则饮神瀵[⑭]，力志和平。过则醉，经旬乃醒。沐浴神瀵，肤色脂泽，香气经旬乃歇。

周穆王北游过其国，三年忘归。既反周室，慕其国，慠然自失[⑮]。不进酒肉，不召嫔御者，数月乃复。

管仲勉齐桓公因游辽口[⑯]，俱之其国，几克举。隰朋谏曰[⑰]：“君舍齐国之广，人民之众，山川之观，殖物之阜[⑱]，礼义之盛，章服之美[⑲]，妖靡盈庭[⑳]，忠良满朝。肆咤则徒卒百万[㉑]，视㧑则诸侯从命[㉒]，亦奚羡于彼而弃齐国之社稷，从戎夷之国乎？此仲父之耄[㉓]，奈何从之？”桓公乃止，以隰朋之言告管仲。仲曰：“此固非朋之所及也。臣恐彼国之不可知之也。齐国之富奚恋？隰朋之言奚顾？”

【注释】

①涂：同“途”，路途。

②滨：临近。

③齐限：界限。

④乔：高大。陟(zhì)：山势层叠。

⑤甔(dān)：坛子一类的陶器。甀(zhuì)：小口瓮，用以盛水浆。

⑥员环：圆环。员，同“圆”。

⑦神瀵(fèn)：神水。

⑧臭(xiù)：气味。

⑨醪醴(láo lǐ)：原指药酒，此处意谓醇厚的美酒。

⑩埒(liè)：山上水道。

⑪札(zhá)厉：瘟疫。

⑫侪(chái)：同辈。

⑬孳：繁殖。阜：通“富”，丰富，繁盛。

⑭惓：通“倦”，疲倦。

⑮惝(chǎng)然：失意的样子。

⑯管仲：名夷吾，字仲，春秋时辅佐齐桓公称霸诸侯。齐桓公尊管仲为“仲父”。齐桓公：姓吕，名小白，齐襄公及公子纠之弟。

⑰隰(xí)朋：人名，齐国大夫，与管仲同为齐桓公辅臣。

⑱殖物：物产。殖，生殖，生产。

⑲章服：古代以日、月、星辰、龙、蟒、鸟、兽等作为标志的礼服。

⑳妖靡：妖艳美丽的女子。

㉑肆咤：叱咤。

㉒视㧑(huī)：指挥。视，通“指”。㧑，指挥。

㉓耄：指年老，心智昏乱。

【译文】

大禹治理水土，迷失了道路，错走到一个国家。它临近北海的北边，不知道距离中国有几千万里远，国家的名字叫终北，不知道它辽阔的边疆到哪儿为止。这里终年没有风雨霜露，也不生长鸟兽、虫鱼、草木之类的动植物。四面都是一马平川，周围还环绕着崇山峻岭。国土中央有一座山，名叫壶领，模样就像小口的陶罐。山顶上有个口子，形状像个圆环，名叫滋穴。滋穴里有水不断涌出，名叫神瀵，它的气息香过兰草花椒，它的滋味醇于甘泉美酒。一股源头分为四道水流，倾注到山下。泉水在全国曲折萦回，遍及这儿的每个角落。终北国土地丰润，气候温和，没有瘟疫的侵害。人们性格委婉和顺，随遇而安，不竞争也不夺取；心地柔美，气质谦和，不骄傲也不猜忌；老老少少同居共处，不分君主与臣下；男男女女一处游玩，无需媒妁和聘礼；沿着河岸居住，不耕田也不收获；土质气候温润适宜，不织布也不穿衣；长命百岁方才死去，不夭折也不病痛。这里的人们繁衍无数，人丁兴旺，只有喜悦与欢乐，没有衰老和痛苦。这里的风俗爱好声乐，大家结伴而行，轮番歌唱，歌声整天都不停歇。肚子饿了，精神倦了，就啜饮神瀵的泉水，气力心神便能平和如初。啜饮过度则会醉倒，十多天后方能苏醒。拿神瀵之水来洗澡，皮肤就会滋润而有光泽，浑身的香气也要十多天才消散。

周穆王去北方游历时经过终北国，住了三年，流连忘返。回到国内，依然思慕着那儿，以至于怅然若失，精神恍惚。他既不饮酒也不食肉，连嫔妃侍女也不召见，过了好几个月才恢复正常。

管仲鼓动齐桓公趁着巡游辽口的机会，一并去终北国，几乎就要成行了。这时隰朋劝谏道："君王您舍弃的可是广袤的齐国，众多的百姓，秀丽的山川，丰茂的物产，隆盛的礼义，华美的服饰，还有满后宫的妖艳美女，满朝廷的忠臣良将。您一声叱咤，就能召集百万雄师，一声令下，则诸侯莫不听命，又为什么要羡慕那儿而抛弃齐国的江山社稷，跑到边远落后的戎夷之国去呢？仲父现在老糊涂了，怎么能听他的呢？"齐桓公这才打消了念头，并把隰朋的话转告给管仲。管仲说："这本来就不是隰朋所能理解的。我恐怕那个国家是没法去考察了。齐国的富饶有什么值得留恋？隰朋的话语又有什么可顾忌的呢？”

南国之人祝发而裸①，北国之人鞨巾而裘②，中国之人冠冕而裳。九土所资③，或农或商，或田或渔；如冬裘夏葛，水舟陆车，默而得之，性而成之。

越之东有辄沐之国④，其长子生，则鲜而食之⑤，谓之宜弟。其大父死⑥，负其大母而弃之⑦，曰：鬼妻不可以同居处。

楚之南有炎人之国⑧，其亲戚死⑨，㱙其肉而弃之⑩，然后埋其骨，乃成为孝子。

秦之西有仪渠之国者⑪，其亲戚死，聚柴积而焚之⑫。燻则烟上，谓之登遐⑬，然后成为孝子。

此上以为政，下以为俗，而未足为异也。

【注释】

①祝发：剃发。祝，通“斸”（zhú），削断。

②鞨（mò）巾：头帕，古代男子束发的头巾。

③九土：九州土地，泛指全国。

④越：越国。辄沐之国：古代传说中的国家，在今海南岛。

⑤鲜：通“献”，进献。

⑥大父：祖父。

⑦大母：祖母。

⑧炎人之国：古代传说中的国家，在今越南一带。

⑨亲戚：这里专指父母。

⑩㱙（xiǔ）：腐烂。一说，剔除。

⑪仪渠之国：古代传说中的国家，在今甘肃一带。

⑫柴：同“柴”。

⑬登遐：亦作“登霞”，升天成仙。一说，因火葬时烟雾缭绕，如同登上云霞，故名。

【译文】

南方人剃去头发，赤身裸体；北方人裹上头巾，披着皮袄；中原人头戴冠巾，身穿衣裙。九州大地提供各种资源，人们或是务农或是经商，或是耕田或是捕鱼；就好比冬天穿裘皮，夏天穿丝葛，水上乘船，路上行车一般，生活里潜移默化就学会了，依照本性自然而然就形成。

越国东面有一个辄沐之国，那儿的人生下长子，就献上来吃掉，说是这样能多生儿子。祖父死了，他们就背上祖母，把她抛弃在荒郊野外，说是：不可以和鬼的妻子住在一起。

楚国的南面有个炎人之国，那儿的人死了父母，就把尸体上的腐肉剔除，然后把尸骨埋葬起来，这样才能成为孝子。

秦国的西面有一个仪渠之国，那儿的人死了父母，就堆起柴草，焚烧尸体。烈焰和浓烟升腾直上，就说是死者登天了，这么做才能成为孝子。

这些做法都是当政的人推行了，老百姓就作为风俗履行，并不足以感到奇怪。

孔子东游，见两小儿辩斗。问其故。

一儿曰：“我以日始出时去人近[①]，而日中时远也。”

一儿以日初出远，而日中时近也。

一儿曰：“日初出大如车盖，及日中，则如盘盂：此不为远者小而近者大乎？”

一儿曰：“日初出沧沧凉凉，及其日中如探汤：此不为近者热而远者凉乎？”

孔子不能决也。

两小儿笑曰："孰为汝多知乎[②]？"

【注释】

①去：距离。

②为：通"谓"，说。

【译文】

孔子在东方游历，看见两个小孩儿在争论。他便问他们其中的缘故。

一个小孩说："我认为太阳刚升起的时候离人近，而到了中午就离人远。"

另一个小孩认为太阳刚升起时离人远，而到了中午则离人近。

前一个小孩说："太阳刚升起时大得像一个车盖，到了中午，却只像一个盘子：这不正因为离得远所以显得小，离得近所以显得大吗？"

后一个小孩说："太阳刚升起时还冷飕飕的，等到中午就热得像伸手到汤锅里去一样：这不正是因为离得近所以热，离得远所以凉吗？"

孔子没法判断谁对谁错。

两个小孩儿笑着说："谁说你见多识广呢？"

均，天下之至理也，连于形物亦然。均发均县[①]，轻重而发绝，发不均也。均也，其绝也莫绝。人以为不然，自有知其然者也。

詹何以独茧丝为纶[②]，芒针为钩，荆筱为竿[③]，剖粒为饵，引盈车之鱼于百仞之渊、汩流之中[④]；纶不绝，钩不伸，竿不挠[⑤]。楚王闻而异之，召问其故。

詹何曰："臣闻先大夫之言，蒲且子之弋也[⑥]，弱弓纤缴[7]，乘风振之，连双鸧于青云之际[8]。用心专，动手均也。臣因其事，放而学钓[9]。五年始尽其道。当臣之临河持竿，心无杂虑，唯鱼之念；投纶沉钩，手无轻重，物莫能乱。鱼见臣之钩饵，犹沉埃聚沫，吞之不疑。所以能以弱制强，以轻致重也。大王治国诚能若此，则天下可运于一握，将亦奚事哉？”

楚王曰：“善。”

【注释】

①县：悬挂。

②詹何：战国时楚人，思想近于道家。纶：垂钓的丝线。

③筱（xiǎo）：小竹。

④汩（gǔ）流：激流。

⑤挠：弯曲。

⑥蒲且子：战国时善射之人。弋（yì）：用系有绳子的箭射。

⑦缴（zhuó）：系在绳上的生丝绳，射鸟用。

⑧鸧（cāng）：即“鸧鹒”，黄鹂。

⑨放：仿效。

【译文】

均衡，是天下最高的真理，涉及到有形的具体事物也是一样。譬如发丝均匀，用力得当，悬挂的重物就不会跌落，如若轻重不均，发丝就会断绝，这是头发受力不均的缘故。如果受力均衡，本来会断绝的也不会断绝了。有人认为不是这样，但自有明白这道理的人。

詹何把一根蚕丝作为钓线，拿细如麦芒的针做钓钩，再用细小的荆竹做钓竿，剖开饭粒做诱饵，从百仞深渊和滔滔激流之中，钓起能装满一车的鱼；而且钓线不断，钓钩不弯，钓竿不折。楚王听闻此事，十分惊异，召见詹何询问其中的缘故。

詹何说："我曾听先父说起，蒲且子射鸟的时候，操起柔弱的弓箭，系上纤细的丝绳，顺风振弓发射，一箭射中两只在高空飞翔的黄鹂。这是他用心专一，用力均衡的缘故。我从中得到启发，仿效他射鸟的技法来学习钓鱼。经过五年苦练方才完全掌握其中的道理。当我在河边持起钓竿，不存丝毫杂念，一心只想着钓鱼；我投出钓线，沉下钓钩，手中用力轻重均衡，外界事物不能扰乱我的心神。水中鱼儿看见我的钓饵，就好像是下落的尘埃，聚集的泡沫，毫不犹豫就吞了下去。这就是我能够用柔弱制胜刚强，用轻盈事物招来沉重事物的缘故。如果大王治理国家真的也能照这个道理，那么整个天下就可以像掌中之物运控自如，还用得着再做其他事么？"

楚王说："好。"

鲁公扈、赵齐婴二人有疾[①]，同请扁鹊求治[②]，扁鹊治之。既同愈。

谓公扈、齐婴曰："汝曩之所疾，自外而干府藏者[③]，固药石之所已。今有偕生之疾，与体偕长；今为汝攻之，何如？"

二人曰："愿先闻其验[④]。"

扁鹊谓公扈曰："汝志强而气弱，故足于谋而寡于断。齐婴志弱而气强，故少于虑而伤于专。若换汝之心，则均于善矣。"

扁鹊遂饮二人毒酒[⑤]，迷死三日，剖胸探心，易而置之；投以神药，既悟如初。二人辞归。

于是公扈反齐婴之室，而有其妻子；妻子弗识。齐婴亦反公扈之室，有其妻子；妻子亦弗识。二室因相与讼，求辨于扁鹊。扁鹊辨其所由，讼乃已。

【注释】

①鲁公扈、赵齐婴：公扈为鲁国人，齐婴为赵国人，事迹不详。

②扁鹊：战国时医学家，姓秦，名越人。

③干：侵扰。府藏：腑脏。

④验：征兆，症状。

⑤毒酒：具有麻醉作用的药酒。

【译文】

鲁国的公扈、赵国的齐婴两人患病，一起去请扁鹊医治，扁鹊便替他们治疗。不久病就好了。

扁鹊对公扈、齐婴说："你们以往的疾病，是由于外界风邪侵扰腑脏，本是药物针石能够治愈的。而现在你们还有与生俱来的疾病，随着身体的生长而发展；如今我来为你们根治，怎么样？"

公扈、齐婴二人说："我们想先听听这病的症状。"

扁鹊就对公扈说："你心志强盛而气质柔弱，所以善于谋略却缺乏决断。齐婴心志柔弱而气质刚强，所以欠缺谋虑而过于专断。如果把你们的心交换一下，那么大家得到平衡，就都好了。"

于是，扁鹊让两人服下麻醉用的药酒，使他们昏迷了三天，他剖开他们的胸膛，取出心脏，交换安放；再施以特效神药，两人便醒了过来，同先前没什么两样。然后他们俩就向扁鹊告辞，回家去了。

于是公扈回到齐婴家里，要据有齐婴的妻子孩儿；齐婴的妻子孩儿却不认识他。齐婴回到公扈家里，要据有公扈的妻子孩儿；公扈的妻子孩儿也不认识他。两家因此闹上公堂，要求扁鹊为他们辨明原委。扁鹊辨明了整件事的缘由，两家的争吵才得以停止。

瓠巴鼓琴而鸟舞鱼跃[①]，郑师文闻之[②]，弃家从师襄游[③]。柱指钧弦[④]，三年不成章。师襄曰："子可以归矣。"

师文舍其琴，叹曰："文非弦之不能钩，非章之不能成。

文所存者不在弦，所志者不在声。内不得于心，外不应于器，故不敢发手而动弦。且小假之[5]，以观其后。”

无几何，复见师襄。

师襄曰：“子之琴何如？”

师文曰：“得之矣。请尝试之。”

于是当春而叩商弦以召南吕[6]，凉风忽至，草木成实。及秋而叩角弦以激夹钟[7]，温风徐回，草木发荣。当夏而叩羽弦以召黄钟[8]，霜雪交下，川池暴冱[9]。及冬而叩徵弦以激蕤宾[10]，阳光炽烈，坚冰立散。将终，命宫而总四弦[11]，则景风翔[12]，庆云浮[13]，甘露降，澧泉涌[14]。

师襄乃抚心高蹈曰：“微矣子之弹也！虽师旷之清角[15]，邹衍之吹律[16]，亡以加之。彼将挟琴执管而从子之后耳。”

【注释】

①匏（páo）巴：古代传说中善鼓琴者。

②师文：春秋时郑国乐师，善弹琴瑟。

③师襄：春秋时鲁国乐师，善弹琴瑟。

④柱指：在琴的柱弦上用手指确定音位。钧弦：调谐琴弦。钧，通“均”，均衡，调谐。

⑤小：通“少”，稍稍。假：假以时日。

⑥商：中国传统音阶以宫、商、角、徵、羽为五个音阶。古人以商为五音中的金音，声凄厉，与肃杀的秋色相应。召：呼应，配合。南吕：中国古代以三分损益法将一个八度分为十二律，各律从低到高依次为黄钟、大吕、太簇、夹钟、姑洗、仲吕、蕤宾、林钟、夷则、南吕、无射、应钟。南吕为第十律，八月律，所以为秋声，同商弦呼应。

⑦角：古代五音之一，木音，属春。夹钟：古代十二律之一，第四律，二月律。

⑧羽：古代五音之一，水音，属冬。黄钟：古代十二律之一，首律，十一月律。

⑨冱（hù）：冰冻。

⑩徵（zhǐ）：古代五音之一，火音，属夏。蕤（ruí）宾：古代十二律之一，第七律，五月律。

⑪宫：古代五音之一。

⑫景风：祥和之风。

⑬庆云：彩云，古人以为祥瑞之气。

⑭澧泉：即醴泉，甜美的泉水。澧，通“醴”。

⑮清角：用角音独奏的乐曲。

⑯邹衍：齐国人，战国末期阴阳家。吹律：用管乐吹奏乐曲。

【译文】

相传匏巴弹琴，能让飞鸟飞舞，游鱼欢跃。郑国的师文听说此事，就抛弃家业，跟从鲁国的乐官师襄游学。他定音位、调琴弦，学了三年还奏不出一支完整的乐曲。师襄说：“你可以回家了。”

师文放下琴，叹道：“我不是不能调和琴弦，不是不能奏成乐章。我的思虑不放在琴弦上，我的志趣也不在于单纯的声音。现在我对内还不能控制心境，对外也无法适应乐器，所以不敢贸然拨动琴弦。姑且假以时日，再看看我今后的表现吧。”

没多久，师文又来拜见师襄。

师襄问：“你的琴弹得怎么样了？”

师文说：“已经得心应手了。请让我试着弹给您听吧。”

于是，正当春天的时候，师文叩动属于金音的商弦来呼应八月的南吕乐律，秋日的凉风忽地吹来，花草树木都结出丰硕的果实。等到秋天，他又叩动属于木音的角弦来激发二月的夹钟乐律，柔和的春风便徐徐迂回，枯黄的草木开始萌芽开花。面对盛夏，师文叩动属于水音的羽弦来呼应十一月的黄钟乐律，顿时霜雪交加，河流与池塘都冻结起来。待到寒冬，他又叩动属于火音的徵弦来激发五月的蕤宾乐律，炽烈的阳光普照大地，河上的坚冰迅速消融。乐曲进入尾声，师文再换用宫调，合奏商、角、羽、徵四弦，于是祥和之风吹拂而来，吉祥彩云浮现空中，清新甘露从天而降，甜美泉水源源涌出。

师襄听了，高兴得拍胸雀跃道："真高妙啊，你的琴声！纵然是师旷吹奏的清角乐曲，邹衍吹奏的管乐声律，也没法超越你。他们都要挟着弦琴，拿着箫管，跟在你后面讨教呢。"

薛谭学讴于秦青①，未穷青之技，自谓尽之，遂辞归。秦青弗止，饯于郊衢②。抚节悲歌③，声振林木，响遏行云④。薛谭乃谢求反，终身不敢言归。

秦青顾谓其友曰："昔韩娥东之齐⑤，匮粮，过雍门⑥，鬻歌假食⑦。既去而馀音绕梁欐⑧，三日不绝，左右以其人弗去。过逆旅⑨，逆旅人辱之。韩娥因曼声哀哭⑩，一里老幼悲愁，垂涕相对，三日不食。遽而追之。娥还，复为曼声长歌，一里老幼喜跃抃舞⑪，弗能自禁，忘向之悲也。乃厚赂发之⑫。故雍门之人至今善歌哭，放娥之遗声。"

【注释】

①薛谭：古代传说中秦国善于歌唱的人。讴：唱歌。秦青：古代传说中秦国善于歌唱的人。

②饯：饯行，送别。郊衢：城郊的大路。

③抚：拍击。节：古代竹制乐器，可用作歌唱伴奏。

④遏：阻止。

⑤韩娥：古代传说中韩国善于歌唱的女子。

⑥雍门：齐国的城门。

⑦鬻歌：卖唱。假：借。此处意为交换。

⑧欐(lǐ)：房屋的栋梁。

⑨逆旅：旅舍。

⑩曼声：长声。

⑪抃(biàn)：拍击。

⑫厚赂：赠送丰厚的财物。

【译文】

薛谭向秦青学习唱歌，还没完全学会秦青的技艺，就自以为彻底掌握了，于是便向秦青告辞回家。秦青并不挽留，送他到郊外大路，为他设宴饯行。席间，秦青拍打着竹制的乐器，慷慨悲歌，激越的歌声震撼着林间树木，清亮的回响遏止了天空飘动的浮云。薛谭听了，连忙道歉谢罪，请求继续在门下学习，终身都不敢再提学成回家的话。

秦青回头对他的朋友说：“从前韩娥往东到齐国去，路上粮食吃完了，就在经过雍门的时候，卖唱求食。离开以后，袅袅的馀音萦绕在屋梁上，三天都没有停歇，附近的人们还以为她没有离开。韩娥经过旅馆的时候，旅馆里的人欺负她。韩娥便长声哀哭起来，全乡的老老少少都感到万分悲伤，彼此泪眼相对，三天吃不下饭。他们赶忙去追赶韩娥。韩娥回来以后，又用曼妙的歌声为他们放声长歌，全乡的老老少少统统欢欣雀跃，手舞足蹈，不能自禁，忘却了往日的悲愁。于是大家赠给韩娥丰厚的财物，送她离开。所以雍门的人直到现在还善于歌唱与悲哭，就是仿效了韩娥遗留下来的歌声啊。”

伯牙善鼓琴①，锺子期善听②。伯牙鼓琴，志在登高山。锺子期曰：“善哉！峨峨兮若泰山！”志在流水。锺子期曰：“善哉！洋洋兮若江河！”伯牙所念，锺子期必得之。

伯牙游于泰山之阴，卒逢暴雨[3]，止于岩下；心悲，乃援琴而鼓之。初为霖雨之操[4]，更造崩山之音。曲每奏，锺子期辄穷其趣。伯牙乃舍琴而叹曰："善哉，善哉，子之听夫！志想象犹吾心也。吾于何逃声哉？"

【注释】

①伯牙：古代传说中善鼓琴者。

②锺子期：古代传说中善于知音者。

③卒：同"猝"，突然。

④霖雨：连绵大雨。

【译文】

伯牙善于弹琴，锺子期善于聆听。伯牙弹琴，内心向往着登临高山。锺子期便说："好啊！巍峨雄壮如同泰山耸立！"内心向往着流水。锺子期便说："好啊！汪洋恣肆如同江河奔流！"只要是伯牙心中所念，锺子期必定能够领会。

伯牙在泰山北麓游玩，突然遇上暴雨，就在岩石底下躲避；他心中十分悲苦，便取过琴来弹奏。起初弹奏的声调如同哀怨的大雨，接着更是奏出了山崩地裂一般的声音。每奏一支乐曲，锺子期都能立刻领会其中的旨趣。伯牙于是放下琴，感叹道："好啊，好啊，你的欣赏力！你的志趣和想象就和我的心一样。我又怎么能在琴音中隐匿自己的心声呢？"

周穆王西巡狩，越昆仑，不至弇山[1]。反还，未及中国，道有献工人名偃师[2]，穆王荐之[3]，问曰："若有何能？"

偃师曰："臣唯命所试。然臣已有所造，愿王先观之。"

穆王曰："日以俱来[4]，吾与若俱观之。"

越日偃师谒见王。王荐之，曰："若与偕来者何人耶？"

对曰："臣之所造能倡者[5]。"

穆王惊视之，趣步俯仰，信人也[6]。巧夫锁其颐[7]，则歌合律；捧其手，则舞应节。千变万化，惟意所适。王以为实人也，与盛姬内御并观之[8]。技将终，倡者瞬其目而招王之左右侍妾[9]。王大怒，立欲诛偃师。偃师大慑，立剖散倡者以示王，皆傅会革、木、胶、漆、白、黑、丹、青之所为[10]。王谛料之[11]，内则肝、胆、心、肺、脾、肾、肠、胃，外则筋骨、支节、皮毛、齿发，皆假物也，而无不毕具者。合会复如初见。王试废其心，则口不能言；废其肝，则目不能视；废其肾，则足不能步。

穆王始悦而叹曰："人之巧乃可与造化者同功乎？"诏贰车载之以归[12]。

夫班输之云梯[13]，墨翟之飞鸢[14]，自谓能之极也。弟子东门贾、禽滑釐闻偃师之巧以告二子[15]，二子终身不敢语艺，而时执规矩。

【注释】

①不至弇(yǎn)山："不"字疑为衍文，当删。弇山，即崦嵫山，古代常用来指日落之所。在今甘肃天水西境。

②偃师：古代传说中的能工巧匠。

③荐：接见。

④日：改日。

⑤倡：倡优，古代以乐舞戏谑为业的艺人。此处用作动词。

⑥信人：真人。

⑦锁(qīn):抑下。

⑧盛姬:周穆王的宠姬。

⑨瞬其目:眨眼睛。此处意为眉目传情。招:勾引。

⑩傅会:附会,凑合。

⑪谛料:仔细检查。

⑫贰车:副车,随从车辆。

⑬班输:即鲁班,春秋时鲁国人。曾制造攻城的云梯。云梯:古代攻城时用以攀登城墙的长梯。

⑭墨翟:即墨子,春秋战国之际思想家,墨家学派创始人。飞鸢:老鹰。这里指墨子用木头制成的飞鹰。

⑮东门贾(gǔ):鲁班的弟子。禽滑(gǔ)釐(xī):墨翟的弟子。

【译文】

周穆王西行巡查,越过昆仑山,直到日落之处的弇山。返回时,尚未抵达中国,在路上遇见一名自愿奉献技艺的人,名叫偃师,穆王便接见了他,问他说:"你有什么本领?"

偃师答道:"我对大王唯命是从。只是我已经造好了一件东西,愿请大王先观赏一下。"

穆王说:"改天把它带来,我和你一起观赏。"

第二天,偃师拜见穆王。穆王接见了他,并问道:"和你一块儿来的是什么人啊?"

偃师答道:"是我制作的能歌善舞的艺人。"

穆王惊讶地注视着它,快跑、慢走、低头、仰首,完全就是真人模样。更巧妙的是,撖动它的脸颊,它就会唱出合于音律的歌;抬起它的手来,它就会跟着节拍跳舞。实在是千变万化,随心所欲。穆王以为它是一个真人,就招呼宠爱的盛姬和宫内嫔妃一同观赏。伎艺表演即将结束的时候,那艺人眨动自己的眼睛去勾引穆王身边的侍妾。穆王勃然大怒,立时要诛杀偃师。偃师大为恐惧,立刻拆散了伎艺人给穆王看,原来都是用皮革、木块、胶水、油漆、白垩、黑炭、丹砂、靛青等等会合而成的。穆王仔细地加以审查，体内有肝、胆、心、肺、脾、肾、肠、胃，体外也有筋骨、肢节、皮毛、牙齿和头发，虽然都是用其他东西做成的，但没有一样不具全的。再把它重新组装整合以后，又像原先见到的那个伎艺人了。穆王试着拿掉它的心脏，它的嘴就不会说话了；试着拿掉它的肝，它的眼睛就看不见了；试着拿掉它的肾，它的脚就不会走路了。

穆王这才高兴地赞叹道："人的技巧竟然可以和自然造化有着同等的功效么？"并下令副车载着伎艺人带回国去。

班输制造了云梯，墨翟做成了飞鸢，都自以为技能技巧已经登峰造极。而他们的弟子东门贾和禽滑釐，听闻了偃师巧制伎艺人的故事，转告给自己的老师。这两人就终身不敢再谈论技艺，只有老实地守着他们做工用的规和矩。

甘蝇[①]，古之善射者，彀弓而兽伏鸟下[②]。弟子名飞卫[③]，学射于甘蝇，而巧过其师。纪昌者[④]，又学射于飞卫。

飞卫曰："尔先学不瞬，而后可言射矣。"

纪昌归，偃卧其妻之机下[⑤]，以目承牵挺[⑥]。二年之后，虽锥末倒眦[⑦]，而不瞬也。以告飞卫。

飞卫曰："未也，必学视而后可。视小如大，视微如著，而后告我。"

昌以氂悬虱于牖[⑧]，南面而望之。旬日之间，寖大也[⑨]；三年之后，如车轮焉。以睹馀物，皆丘山也。乃以燕角之弧[⑩]，朔蓬之簳射之[⑪]，贯虱之心，而悬不绝。以告飞卫。

飞卫高蹈拊膺曰："汝得之矣！"

纪昌既尽卫之术，计天下之敌己者，一人而已；乃谋杀飞卫。相遇于野，二人交射；中路矢锋相触，而坠于地，而尘不扬。飞卫之矢先穷。纪昌遗一矢；既发，飞卫以棘刺之端扞之[12]，而无差焉。

于是二子泣而投弓，相拜于涂，请为父子。剋臂以誓[13]，不得告术于人。

【注释】

①甘蝇：古代传说中擅长射箭的人。

②彀(gòu)弓：拉满弓弦。

③飞卫：古代传说中擅长射箭的人。

④纪昌：古代传说中擅长射箭的人。

⑤偃卧：仰卧。机：指织布机。

⑥承：跟随。牵挺：织布机上的踏脚板。

⑦倒：通“到”。

⑧氂(máo)：牦牛的毛。

⑨寖(jìn)：渐渐地。

⑩燕角之弧：用燕国的牛角做成的弓。

⑪朔蓬之簳(gǎn)：用楚国的蓬草茎秆做成的箭。

⑫扞(hàn)：捍卫，防卫。

⑬剋(kè)：通“刻”。

【译文】

甘蝇是古代传说中善于射箭的人，只要他拉满弓弦，野兽就会趴下，飞鸟就会落地。他的弟子名叫飞卫，向甘蝇学习射箭，技巧却超过了老师。有个名叫纪昌的人，又向飞卫学习射箭。

飞卫说：“你先学会不眨眼，然后再来谈论射箭的事。”

纪昌回到家，仰卧在妻子的织布机下，眼睛注视着一上一下的踏板。两年之后，就算锥尖刺到眼眶边，他也能够不眨眼睛。于是就去禀告飞卫。

飞卫说："还不行，一定得练好眼力才能学射箭。等你看小东西就像大东西一样，看细微的东西就像显著的东西，再来告诉我。"

纪昌就用牛毛系上一只虱子，挂在窗口，面朝南方注视它。十来天后，那虱子越看越觉得大；三年之后，大得就像一个车轮。再去看其他东西，都像山丘那么大了。于是纪昌操起燕国牛角做的弓，楚国蓬梗制的箭，向虱子射去，一箭穿过虱子的心，而悬虱子的牛毛没被射断。于是再去禀告飞卫。

飞卫听了，手舞足蹈，拍着胸脯说道："你掌握箭术的奥秘了！"

纪昌完全学到飞卫的箭术之后，估摸着天下能够与自己匹敌的，不过飞卫一个人而已；就图谋杀死飞卫。一次，两人在郊野相遇，便张弓对射；半路上彼此的箭锋相互碰击，落到地上，却不扬起一点尘土。飞卫的箭先射完了。纪昌还剩下一支箭；发出后，飞卫用荆棘刺的尖端来抵御他的利箭，竟毫无差失。

于是，两人激动得热泪盈眶，纷纷扔掉手中的弓箭，在路上对拜起来，互相请求结成父子。他们在手臂上刻下标记，盟誓永远不把射箭的绝技告诉别人。

造父之师曰泰豆氏[①]。造父之始从习御也，执礼甚卑，泰豆三年不告。造父执礼愈谨，乃告之曰："古诗言：'良弓之子，必先为箕[②]；良冶之子，必先为裘。'汝先观吾趣。趣如吾，然后六辔可持[③]，六马可御。"

造父曰："唯命所从。"

泰豆乃立木为涂，仅可容足；计步而置，履之而行。趣走往还，无跌失也。

造父学之，三日尽其巧。

泰豆叹曰："子何其敏也？得之捷乎！凡所御者，亦如此也。曩汝之行，得之于足，应之于心。推于御也，齐辑乎辔衔之际④，而急缓乎唇吻之和，正度乎胸臆之中，而执节乎掌握之间。内得于中心，而外合于马志，是故能进退履绳而旋曲中规矩，取道致远而气力有馀，诚得其术也。得之于衔，应之于辔；得之于辔，应之于手；得之于手，应之于心。则不以目视，不以策驱⑤；心闲体正，六辔不乱，而二十四蹄所投无差；回旋进退，莫不中节。然后舆轮之外可使无馀辙；马蹄之外可使无馀地。未尝觉山谷之崄，原隰之夷⑥，视之一也。吾术穷矣。汝其识之！"

【注释】

①造父、泰豆氏：皆为古代传说中善于御马的人。

②箕：编簸箕。

③辔（pèi）：缰绳。

④辑：车舆。这里引申为马匹。

⑤策：马鞭。

⑥隰（xí）：低下的湿地。

【译文】

造父的老师名叫泰豆氏。造父刚开始跟从他学习驾御术的时候，礼数极为恭敬谦卑，但泰豆氏三年里并没有向他传授一点技术。造父的待师礼数愈发恭谨，泰豆氏这才告诉他："古诗说：'要做制弓好手，先学编织簸箕；要做打铁良匠，先学缝纫皮衣。'你先观察我如何疾步快走。等到能像我一样疾走了，那么就可以手持六条缰绳，驾御六匹骏马了。"

造父说："一切听您安排。"

于是，泰豆氏立起一排木桩作为道路，每根木桩上仅能容下一只脚；他算好步幅来放置这些木桩，然后踩着木桩行走。只见他来回奔走，没有跌跤或者闪失。

造父学他的样子，三天后就完全掌握了这种技巧。

泰豆氏赞叹道：“你怎么这么聪敏啊？掌握得如此迅速！但凡驾驭马车，也是这个道理。刚才你在木桩上走，落脚得当，与心相应。用到驾驭马车上，就要在缰绳和嚼子之间协调好马匹，并通过或轻或重的吆喝来掌握马匹奔驰的快慢，心中要有一定的分寸，手握缰绳，也要掌握一定的节奏。在内得之于心，在外合乎马群的意愿，所以才能进退如同踩着准绳，而盘旋纡回都像遵循着规矩一样，即使跑到遥远的地方，马匹的气力也绰绰有余，这才算是掌握了驾御术。马嚼子掌握好了，马缰绳就能与之相应；马缰绳掌握好了，执掌缰绳的手就能与之相应；手处置得当了，内心就能与之相应。这样就能够不用眼睛看，不用马鞭驱赶；心神安闲，身体端正，六根缰绳丝毫不乱，而六匹马的二十四蹄起落无差；迂回盘旋、前进后退，无不合于节度。然后就可以在车轮之外不留下其他车辙；马蹄之外也不用更多的落脚地方。根本不觉得山谷是险峻的，原野洼地是平坦的，都把它们当作一回事。我的驾御术都在这儿了。你好好记住吧！”

魏黑卵以昵嫌杀丘邴章[①]，丘邴章之子来丹谋报父之仇。

丹气甚猛，形甚露[②]，计粒而食，顺风而趋。虽怒，不能称兵以报之[③]。耻假力于人，誓手剑以屠黑卵。黑卵悍志绝众，力抗百夫。筋骨皮肉，非人类也。延颈承刀，披胸受矢，铓锷摧屈[④]，而体无痕挞[⑤]。负其材力，视来丹犹雏鷇也[⑥]。

来丹之友申他曰[⑦]：“子怨黑卵至矣，黑卵之易子过矣[⑧]，将奚谋焉？”

来丹垂涕曰："愿子为我谋。"

申他曰："吾闻卫孔周其祖得殷帝之宝剑[9]，一童子服之[10]，却三军之众，奚不请焉？"

来丹遂适卫，见孔周，执仆御之礼[11]，请先纳妻子[12]，后言所欲。

孔周曰："吾有三剑，唯子所择；皆不能杀人，且先言其状。一曰含光，视之不可见，运之不知有。其所触也，泯然无际，经物而物不觉。二曰承影，将旦昧爽之交[13]，日夕昏明之际，北面而察之，淡淡焉若有物存，莫识其状。其所触也，窃窃然有声，经物而物不疾也。三曰宵练，方昼则见影而不见光，方夜见光而不见形。其触物也，騞然而过[14]，随过随合，觉疾而不血刃焉。此三宝者，传之十三世矣，而无施于事。匣而藏之，未尝启封。"

来丹曰："虽然，吾必请其下者。"

孔周乃归其妻子，与斋七日。晏阴之间[15]，跪而授其下剑，来丹再拜受之以归。

来丹遂执剑从黑卵。时黑卵之醉偃于牖下，自颈至腰三斩之。黑卵不觉。来丹以黑卵之死，趣而退。遇黑卵之子于门，击之三下，如投虚。黑卵之子方笑曰："汝何蚩而三招予[16]？"来丹知剑之不能杀人也，叹而归。

黑卵既醒，怒其妻曰："醉而露我，使我嗌疾而腰急[17]。"

其子曰："畴昔来丹之来，遇我于门，三招我，亦使我体疾而支强[18]，彼其厌我哉[19]！"

【注释】

①黑卵、丘邴章：人名，事迹不详。昵嫌：私仇。

②露：羸弱。

③称兵：提起兵器。

④铓(máng)：刀剑等的尖锋。锷(è)：剑刃。

⑤痕挞：伤痕。

⑥雏𪃿(kòu)：待哺的雏鸟。

⑦申他(tuó)：人名，又作“申佗”、“申抱”。

⑧易：轻视。

⑨孔周：人名，事迹不详。殷帝：商代帝王。这里指成汤。

⑩服：佩戴。

⑪仆御之礼：仆役马夫等下等人所应遵守的礼节。这里指最谦恭的礼节。

⑫纳：接纳。这里意为做抵押。

⑬昧：昏暗。爽：明亮。

⑭騞(huō)然：快速貌。

⑮晏：晴朗。

⑯蚩：痴呆。

⑰嗌(yì)：咽喉。急：疼痛。

⑱支强：肢体僵硬。支，同“肢”。

⑲厌(yā)：即厌胜，古代方士的一种巫术，谓能以诅咒制伏人或物。

【译文】

魏国的黑卵挟私仇杀死了丘邴章，丘邴章的儿子来丹想报杀父之仇。

来丹胆气十分勇猛，身体却很羸弱，数着饭粒进食，顺着风才能行走。虽然怒火满腔，却不能提起兵器去报仇。他耻于依靠别人的力量，发誓要亲手用剑杀死黑卵。黑卵凶悍勇猛，力量超常，独自可以抵挡一百个人。筋骨皮肉，都和普通人不一样。他伸长脖子承受刀斧，袒露胸膛任凭箭射，竟然能使刀口卷曲，箭锋摧折，身上却没有一丝伤痕。黑卵仗着自己的体质气力，把来丹看成嗷嗷待哺的雏鸟。

来丹的朋友申他说："你仇恨黑卵到了极点，而黑卵也太过轻视你了，你打算怎么办？"

来丹流着泪说："希望你能替我出出主意。"

申他说："我听说卫国孔周的祖先得到了商代帝王的宝剑，一个小孩子佩在身上，就能吓退三军将士，为什么不去向他请求帮助呢？"

于是来丹到了卫国，拜见孔周，行最为谦恭的礼节，请求孔周先接受自己的妻子儿女做抵押，然后才说出自己的要求。

孔周说："我有三把剑，任你选择；但它们都不能杀死人，姑且先说说它们的情况。第一把剑叫含光，看上去见不到形状，挥动时觉不得它的存在。剑锋过处，毫无缝隙，刺过人的身体也不会有所察觉。第二把剑叫承影，在天色将亮未亮的黎明时分，或是光线半明半暗的黄昏，对着北面观察它，隐隐约约好像有什么东西存在，但也不能辨认它的形状。剑锋过处，发出轻微的声响，刺过人的身体也不会感到疼痛。第三把剑叫宵练，白天时只见影子而不见光芒，夜晚时只见光芒而不见影子。剑锋触物，迅速划过，伤口随即划裂随即愈合，虽然疼痛，剑上却不沾血迹。这三把宝剑，从祖上到现在已经传了十三世，却从来没有使用过。放在匣子里珍藏，未曾启封过。"

来丹说："即使这样，我也一定要借用最下等的那一把。"

孔周便归还了来丹的妻子儿女，和他一同斋戒了七天。在天气半晴半阴的时候，跪着将那把下等的宝剑授予来丹，来丹又拜了两次，然后受剑而归。

于是，来丹提着宝剑跟踪黑卵。等到黑卵喝醉了仰面躺在窗下的时候，来丹进去，从头颈到腰部连砍三剑。黑卵没有察觉。来丹以为黑卵已经死了，就急忙退了出来。在门口遇到黑卵的儿子，就挥剑砍了他三下，好像砍在虚空里一般。黑卵的儿子笑着说："你干什么傻乎乎地向我招三次手?”来丹知道这剑不能杀死人,就叹息着回去了。

黑卵醒来以后,对他妻子发怒道:“我喝醉了,却让我躺在露天,使我喉咙也痛,腰也酸。”

黑卵的儿子说:“刚才来丹到这儿来,在门口遇见我,向我招了三次手,也使我身体疼痛,四肢僵硬。他大概对我们施了巫术吧!”

周穆王大征西戎①,西戎献锟铻之剑、火浣之布②。其剑长尺有咫,练钢赤刃③,用之切玉如切泥焉。火浣之布,浣之必投于火;布则火色,垢则布色;出火而振之,皓然疑乎雪。

皇子以为无此物④,传之者妄。

萧叔曰⑤:“皇子果于自信,果于诬理哉!”

【注释】

①西戎:古代西北戎族的总称。

②锟铻(kūn wú):通“昆吾”,古剑名。火浣之布:石棉布的古称。因可用火燃法除去布上污渍,故名。

③钢:通“刚”,锋利。赤刃:刀锋钢质真纯,不含杂质。

④皇子:人名,姓皇,子为尊称。一说,为皇太子,即魏文帝曹丕。

⑤萧叔:人名,事迹不详。

【译文】

周穆王大举征伐西北戎族,西戎敬献锟铻剑、火浣布。锟铻剑长一尺八寸,由纯钢制成,锋利无比,用它来切玉石,就像切泥土那么容易。火浣布清洗时一定要投入火中;布色如同火色,污垢则呈现出布色;从火里取出来抖一下,顿时光洁如新,洁白似雪。

皇子认为世上并没有这样的事物,传说的人一定是胡言乱语。

萧叔说:“皇子太过自信,太过怀疑实际了。”

④田恒：田成子，即陈成子，春秋时齐国大臣。名恒，一作“常”。推行田桓子笼络民心的办法，以大斗借贷，小斗收进。后杀简公，拥立平公，任相国，由此奠定了田氏代齐的基础。

⑤夷、齐：即伯夷与叔齐，商末孤竹君二子。孤竹君死后，两人谦让王位，弃政赴周。武王灭商，他们又逃避到首阳山，不食周粟而死。

⑥季氏：即季孙氏，春秋后期掌握鲁国政权的贵族。展禽：即柳下惠，展氏，名获，字禽。春秋时鲁国大夫，以善于讲究贵族礼节“坐怀不乱”著称。

【译文】

人力对天命说：“你的功劳怎么比得上我呢？”

天命问道：“你对万物有什么功劳，而想来和我比较？”

人力说：“人们的长寿或短命、困厄或显达、尊贵或卑贱、贫穷或富有，是我人力能够决定的。”

天命道：“彭祖的智力赶不上尧舜，却享年八百；颜渊的才华不在众人之下，却只活了十八岁。孔子的仁德不在诸侯之下，却受困在陈、蔡两国的荒野；殷纣王的品行远不如微子、箕子、比干，却高居在国君的位子上。贤者季札在吴国没有封爵，富于心计的田恒却专权齐国。伯夷、叔齐饿死在首阳山，鲁国的季孙氏却比柳下惠还富有。倘若这是你人力所能决定的，那为什么让彭祖长寿而颜渊短命，让圣人困厄而逆者显达，让贤者卑贱而愚人尊贵，让好人贫穷而坏人富有呢？”

人力说：“就算像你说的，我对于万物本没有什么功劳，但万物何以如此这般，这难道是你所主宰的吗？”

天命道：“既然称作天命，如何还有主宰者呢？遇上正直的事，我推动它；遇上歪曲的事，我放任它。世间一切自然地长寿、自然地短命，自然地困厄、自然地显达，自然地尊贵、自然地卑贱，自然地富有、自然地贫穷，我又怎么能够明了其中的道理呢？我又怎么能够明了其中的道理呢？”

北宫子谓西门子曰[①]："朕与子并世也，而人子达；并族也，而人子敬；并貌也，而人子爱；并言也，而人子庸[②]；并行也，而人子诚；并仕也，而人子贵；并农也，而人子富；并商也，而人子利。朕衣则裋褐[③]，食则粢粝[④]，居则蓬室[⑤]，出则徒行。子衣则文锦，食则粱肉，居则连欐[⑥]，出则结驷[⑦]。在家熙然有弃朕之心[⑧]，在朝谔然有敖朕之色[⑨]。请谒不及相[⑩]，遨游不同行，固有年矣。子自以德过朕邪？"

西门子曰："予无以知其实。汝造事而穷，予造事而达，此厚薄之验欤[⑪]？而皆谓与予并，汝之颜厚矣。"

北宫子无以应，自失而归。

中途遇东郭先生。先生曰："汝奚往而反，偊偊而步[⑫]，有深愧之色邪？"北宫子言其状。东郭先生曰："吾将舍汝之愧，与汝更之西门氏而问之。"

曰："汝奚辱北宫子之深乎？固且言之。"

西门子曰："北宫子言世族、年貌、言行与予并，而贱贵、贫富与予异。予语之曰：'予无以知其实。汝造事而穷，予造事而达，此将厚薄之验欤？而皆谓与予并，汝之颜厚矣。'"

东郭先生曰："汝之言厚薄不过言才德之差，吾之言厚薄异于是矣。夫北宫子厚于德，薄于命；汝厚于命，薄于德。汝之达，非智得也；北宫子之穷，非愚失也。皆天也，非人也。而汝以命厚自矜，北宫子以德厚自愧，皆不识夫固然之理矣。"

西门子曰："先生止矣！予不敢复言。"

北宫子既归，衣其裋褐，有狐貉之温[⑬]；进其茙菽[⑭]，有稻粱之味；庇其蓬室，若广厦之荫；乘其筚辂[15]，若文轩之饰。终身逌然[16]，不知荣辱之在彼也，在我也。

东郭先生闻之曰："北宫子之寐久矣，一言而能寤，易悟也哉！"

【注释】

①北宫子、西门子：皆为虚构的人物。

②庸：用。

③裋（shù）褐：粗陋的衣服。

④粢粝（zī lì）：粗糙的饭食。粢，稻饼。一说，粗舂粟麦做的饭团。粝，粗米。

⑤蓬室：草房。蓬，飞蓬，草类。

⑥连樆：高楼大厦。樆，屋栋。

⑦结驷（sì）：四匹马组合牵引的车辆。

⑧熙然：和乐欢笑的样子。

⑨谔（è）然：直言争辩，无所顾忌的样子。敖：同"傲"，轻慢。

⑩请谒（yè）：拜访。

⑪厚薄：这里指人的德行好坏。验：应验，报应。

⑫偊偊（yǔ）：通"踽踽"，独行的样子。

⑬貉（hé）：亦称"狗獾"。形似狐，但体较胖，尾较短。

⑭戎菽（róng shū）：大豆。

⑮筚辂（bì lù）：又作"筚路"，柴车。筚，篱笆。又泛指荆竹树枝编成的门、车等。

⑯逌（yóu）然：舒适自得的样子。

【译文】

北宫子对西门子说："我和你共处一世，而人们让你显达；同为一族，而人们尊敬你的为人；容貌相当，而人们喜爱你；言谈相似，而人们重用你；行事一样，而人们相信你；同样是做官，而人们让你显贵；同样是务农，而人们让你富裕；同样是经商，而人们让你得利。我穿的是粗布乱服，吃的是糙米粗粟，住的是草屋茅棚，出门也只能徒步行走。你穿的是锦衣绣服，吃的是细粮美味，住的是高楼大厦，出门还有四驾的马车。在家时你神气活现地冷落我在一旁；在朝时你得意洋洋地对我表现出高傲神色。你我之间不相往来，不同游玩，实在是有年头啦。你是自认为德行超过我吗？”

西门子说：“我无从知道其中的缘故。你遇事困难重重，我遇事顺当显达，这是德行好坏的验证吧？而你却认为什么都和我一样，你的脸皮真厚啊。”

北宫子无言以对，惘然若失地回去了。

半路上遇见东郭先生。东郭先生问：“你从哪里回来，怎么恍恍惚惚地孤身行走，看起来神色如此羞愧？”北宫子把情况告诉了他。东郭先生说：“我将解除你的羞愧，同你再到西门氏家去问个明白。”

于是东郭先生对西门子说：“你为什么如此过分地侮辱北宫子呢？姑且讲讲其中的道理。”

西门子答道：“北宫子说他的辈分宗族、年龄相貌、言行举止都和我一样，而贵贱贫富的遭遇却和我不同。我就对他说：‘我无从知道其中的缘故。你遇事困难重重，我遇事顺当显达，这是德行好坏的验证吧？而你却认为什么都和我一样，你的脸皮真厚啊。’”

东郭先生说：“你说的好坏不过是指才性德行的差别，我说的好坏却与此不同。北宫子道德崇高，却命运低贱；你命运高亨，却道德卑下。你的显达，并不是靠智慧获得的；北宫子的穷困，也并不是愚笨带来的过失。这都是由于天命，并非人力所致。而你凭借着命运良好在那儿自鸣得意，北宫子却怀抱高超的品德在此羞愧不已，都是没有认识到自然的道理啊！”

西门子说：“先生别说啦！我不敢再说那样的话了。”

北宫子回家后，穿着他的粗布乱服，觉得像狐裘貉袍一样温暖；吃着他的豆类杂粮，觉得像米饭细粮一样喷香；住着他的茅屋，就像有高楼大厦的荫庇；坐着他的柴车，就像是装饰华丽的马车。他一辈子怡然自得，不知道荣耀和耻辱是在别人那里，还是在自己身上。

东郭先生听闻后便说："北宫子糊涂了那么久，听我一言就能清醒，真是易于觉悟啊！"

管夷吾、鲍叔牙二人相友甚戚①，同处于齐。管夷吾事公子纠②，鲍叔牙事公子小白③。

齐公族多宠④，嫡庶并行⑤。国人惧乱。管仲与召忽奉公子纠奔鲁⑥，鲍叔奉公子小白奔莒⑦。既而公孙无知作乱⑧，齐无君，二公子争入。管夷吾与小白战于莒，道射中小白带钩⑨。

小白既立，胁鲁杀子纠，召忽死之，管夷吾被囚。

鲍叔牙谓桓公曰："管夷吾能，可以治国。"

桓公曰："我仇也，愿杀之。"

鲍叔牙曰："吾闻贤君无私怨，且人能为其主，亦必能为人君。如欲霸王，非夷吾其弗可。君必舍之⑩！"遂召管仲。

鲁归之齐，鲍叔牙郊迎，释其囚。桓公礼之，而位于高、国之上⑪，鲍叔牙以身下之，任以国政，号曰仲父。桓公遂霸。

管仲尝叹曰："吾少穷困时，尝与鲍叔贾⑫，分财多自与；鲍叔不以我为贪，知我贫也。吾尝为鲍叔谋事而大穷困，鲍叔不以我为愚，知时有利不利也。吾尝三仕，三见逐于君，鲍叔不以我为不肖，知我不遭时也。吾尝三战三北⑬，鲍叔不以我为怯，知我有老母也。公子纠败，召忽死之，吾幽囚受辱；鲍叔不以我为无耻，知我不羞小节而耻名不显于天下也。生我者父母，知我者鲍叔也！”

此世称管、鲍善交者，小白善用能者。

然实无善交，实无用能也。实无善交实无用能者，非更有善交，更有善用能也。召忽非能死，不得不死；鲍叔非能举贤，不得不举；小白非能用仇，不得不用。

及管夷吾有病，小白问之，曰：“仲父之病病矣，可不讳。云至于大病[14]，则寡人恶乎属国而可[15]？”

夷吾曰：“公谁欲欤？”

小白曰：“鲍叔牙可。”

曰：“不可。其为人也，洁廉善士也。其于不己若者不比之人，一闻人之过，终身不忘。使之理国，上且钩乎君[16]，下且逆乎民。其得罪于君也，将弗久矣。”

小白曰：“然则孰可？”

对曰：“勿已，则隰朋可[17]。其为人也，上忘而下不叛，愧其不若黄帝而哀不己若者。以德分人谓之圣人，以财分人谓之贤人。以贤临人，未有得人者也；以贤下人者，未有不得人者也。其于国有不闻也，其于家有不见也。勿已，则隰朋可。”

然则管夷吾非薄鲍叔也，不得不薄；非厚隰朋也，不得不厚。厚之于始，或薄之于终；薄之于终，或厚之于始。厚薄之去来，弗由我也。

【注释】

①管夷吾:即管仲。名夷吾,字仲,春秋时辅佐齐桓公称霸诸侯。鲍叔牙:春秋时齐国大夫,与管夷吾善,以知人著称于世。戚:亲近。

②公子纠:姓吕,名纠,齐襄公之弟,齐桓公之兄。

③公子小白:即齐桓公。姓吕,名小白,齐襄公及公子纠之弟。

④公族:诸侯的同族。

⑤嫡(dí)庶并行:这里指齐僖公宠爱母弟夷仲年之子公孙无知,令其礼秩同于太子,从而导致礼法混乱。嫡,宗法制度下家庭的正支。庶,宗法制度下家庭的旁支。

⑥召(shào)忽:齐国大臣。

⑦莒(jǔ):古国名,在今山东安丘、诸城一带。

⑧公孙无知:齐僖公母弟夷仲年之子。齐襄王废除公孙无知秩服,无知遂杀襄公而自立,后被渠丘大夫雍林所杀。

⑨带钩:衣带上的金属小钩。

⑩舍:通"释",释放,赦免。

⑪高、国:皆为齐国世族。

⑫贾(gǔ):做买卖,经商。

⑬北:败北,败逃。

⑭大病:死。这里是婉辞。

⑮属(zhǔ):嘱托,托付。

⑯钩:违逆。

⑰隰(xí)朋:人名,齐国大夫,与管仲同为齐桓公辅臣。

【译文】

管夷吾和鲍叔牙二人相交为友,关系密切,一同住在齐国。管夷吾事奉公子纠,鲍叔牙事奉公子小白。

当时齐国的公族子弟大多受到齐僖公的宠爱,嫡系、旁支都享受同样的待遇。齐国人忧惧由此而发生内乱。于是管仲和召忽陪着公子纠逃往鲁国，鲍叔牙则事奉着公子小白逃奔莒国。不久公孙无知作乱杀死齐襄公，齐国没有了君主，两位公子就争相回到齐国抢夺王位。管夷吾和公子小白在莒国交战，途中，管夷吾发箭射中小白的带钩。

小白立为齐桓公后，胁迫鲁国杀死了公子纠，召忽殉主而死，管夷吾则被囚禁起来。

鲍叔牙对齐桓公进言："管夷吾有卓越的才能，可以用他来治理国政。"

桓公说："他是我的仇人，我要杀了他。"

鲍叔牙说："我听说贤明的君主没有一己的仇怨，况且一个人能够为他的主人效力，也一定能够为君王您效力。如果想要成就王霸天下的鸿图，非管夷吾辅佐不可。国君一定要赦免他！"于是齐桓公召回管仲。

鲁国放管仲归还齐国，鲍叔牙亲自到城郊迎接，解除他的桎梏。桓公以隆重的礼节接待了他，让他的地位超越了高、国两家世族，鲍叔牙也身居其下，并把国政委任于管仲，称他为仲父。齐桓公由此成为诸侯的霸主。

管仲曾经感慨道："我年轻时穷苦贫寒，曾与鲍叔一同做买卖，分配钱财时往往自己多拿一些；鲍叔并不由此而认为我贪婪，因为他知道我贫困。我曾经为鲍叔谋划事业而遭遇重大挫折，鲍叔并不由此而认为我愚笨，因为他知道时机有好有坏。我曾经三次出仕为官，却三次被君王驱逐，鲍叔并不由此而认为我没出息，因为他知道我还没遇上好时机。我曾经三次作战三次落败而逃，鲍叔并不由此而认为我怯懦无勇，因为他知道我家里还有老母亲。公子纠垮台，召忽殉主，我却幽禁在牢中甘受屈辱；鲍叔并不因此而认为我没有廉耻，因为他知道我不羞于小节，只是唯恐声名不能显赫于天下。生育我的是父母，理解我的人是鲍叔啊！"

这就是世人所称道的管仲、鲍叔善于交友，小白善用贤能的故事。

然而事实上并无所谓善于交友，也无所谓善用贤能。事实上并无所谓善于交友，也无所谓善用贤能的缘故，在于没有更值得结交的人，也没有更值得任用的贤能。召忽并非能够殉主而死，而是在当时的情形下不得不死；鲍叔并非能够举荐贤才，而是在当时的情形下不得不举荐；小白并非能够任用仇人，而是在当时的情形下不得不任用。

到了管夷吾重病的时候，小白前去探望，问他道："仲父的疾病非常严重了，我也用不着避讳什么。如果你就这么一病不起，那我将国政托付给谁合适呢？"

夷吾反问："您想托付给谁呢？"

小白说："鲍叔牙应当可以。"

管夷吾说："不行。鲍叔牙的为人，洁身自好，廉洁奉公，确实是贤良之士。但他对于德行才能不及自身的人就不去亲近，一旦听闻他人的过失，终身不忘。如果让他来治理国政，对上会忤逆君主，对下则违背民心。他得罪君王的日子，不会太久了。"

小白问道："那么谁可以委以重任呢？"

管仲答道："如果我的病好不了，那么隰朋可以接任。隰朋的为人，能使在上的人忘掉自己，在下的人不叛离自己。他惭愧自己的仁德比不上黄帝，又同情那些不如自己的人。以仁德来感化他人的人叫做圣人，用财物来接济他人的人叫做贤人。因为贤能而盛气凌人的人，从没有得人心的；因为贤能而谦逊待人的人，从没有不得人心的。他对于国政有所不闻，对于家事有所不见。我若是一病不起，那么隰朋可以接替我执政。"

然而管夷吾并非有意鄙薄鲍叔，而是在当时的情势下不得不鄙薄他；并非有意厚待隰朋，而是在当时的情势下不得不厚待他。开始厚待的，或许到头来便成了薄待；最终薄待的，或许开始是厚待。厚待与薄待的转化，并不是个人意志所能决定的。

邓析操两可之说，设无穷之辞，当子产执政[①]，作《竹刑》[②]。郑国用之，数难子产之治。子产屈之，子产执而戮之[③]，俄而诛之。

然则子产非能用《竹刑》，不得不用；邓析非能屈子产，不得不屈；子产非能诛邓析，不得不诛也。

【注释】

①子产：即公孙侨、公孙成子。春秋时郑国执政，官至卿相。曾铸造刑鼎，不毁乡校，为郑国带来新气象。

②《竹刑》：子产铸刑鼎后三十馀年，邓析根据当时新情况，改订原有刑法，刻于竹简，史称《竹刑》。

③戮（lù）：羞辱。

【译文】

邓析操持着自己模棱两可的学说，创设出一套巧辩圆滑的辞令，在子产执政期间，制定了一部《竹刑》。郑国采用了《竹刑》，却屡屡妨碍子产的治理。子产被弄得理屈词穷，于是子产逮捕了邓析并对他进行羞辱，不久便将他诛杀。

然而子产并非乐意采用《竹刑》，而是在当时的形势下，不得不采用；邓析并非能够使子产理屈，而是在当时的形势下不得不使他理屈；子产也并非有意要杀死邓析，而是在当时的形势下不得不诛杀他。

可以生而生，天福也；可以死而死，天福也。可以生而不生，天罚也；可以死而不死，天罚也。可以生，可以死，得生得死有矣；不可以生，不可以死，或死或生，有矣。然而生生死死，非物非我，皆命也。智之所无奈何。故曰，窈然无际[①]，天道自会；漠然无分，天道自运。天地不能犯，圣智不能干，鬼魅不能欺。自然者，默之成之，平之宁之，将之迎之。

【注释】

①窈（yǎo）然：幽远的样子。

【译文】

应当生存而得到生存，是上天赐予的福分；应当死亡而得到死亡，也是上天赐予的福分。应当生存而不能生存，这是上天给予的惩罚；应当死亡而不能死亡，这也是上天给予的惩罚。应当生存，应当死亡，而得到相应的生存与死亡，这种情形是存在的；不应当生存，不应当死亡，却不相应地死去或生存，这种情形也是存在的。然而生生死死，并非听凭外物或任由己愿，而都是天命所定。人类的智力对它无可奈何。所以说，幽远深邃、无边无际的天道是自行融会的；寂静淡漠、没有分际的天道是独立运转的。天地不能违犯它，圣人智者不能干预它，鬼怪幽灵不能欺瞒它。自然而然的天道，在静默中渐渐形成，在平和安宁中无所作为，在送往迎来中顺应万物。

杨朱之友曰季梁。季梁得病，七日大渐[①]。其子环而泣之，请医。季梁谓杨朱曰："吾子不肖如此之甚，汝奚不为我歌以晓之？"

杨朱歌曰："天其弗识，人胡能觉？匪祐自天，弗孽由人。我乎汝乎！其弗知乎！医乎巫乎！其知之乎？"

其子弗晓，终谒三医。一曰矫氏，二曰俞氏，三曰卢氏，诊其所疾。

矫氏谓季梁曰："汝寒温不节，虚实失度，病由饥饱色欲。精虑烦散，非天非鬼。虽渐，可攻也。"

季梁曰："众医也②。亟屏之③！"

俞氏曰："女始则胎气不足，乳湩有馀④。病非一朝一夕之故，其所由来渐矣，弗可已也。"

季梁曰："良医也。且食之！"

卢氏曰："汝疾不由天，亦不由人，亦不由鬼。禀生受形，既有制之者矣，亦有知之者矣。药石其如汝何？"

季梁曰："神医也。重贶遣之⑤！"

俄而季梁之疾自瘳⑥。

【注释】

①渐：加剧，恶化。

②众医：庸医。

③屏：驱逐，赶走。

④湩（dòng）：乳汁。

⑤贶（kuàng）：赏赐，赠送。

⑥瘳（chōu）：病愈。

【译文】

杨朱有个朋友名叫季梁。季梁患病，七天后病情急剧恶化。他的孩子们围着病榻哭泣，请求为他延医诊治。季梁对杨朱说："我这些孩子怎么这样不明事理，你何不为我唱首歌来开导他们？"

于是，杨朱唱道："上天不知道，凡人怎明了？福分不靠天，罪孽非人造。我也好，你也好，谁也不知道！医生也好，巫师也好，谁又能分晓？"

季梁的孩子们不明就里，终于还是请来三位医生。一位姓矫，一位姓俞，一位姓卢，都来诊治他所患的疾病。

矫医生对季梁说："你冷热没有调节好，体内虚实失去平衡，这疾病主要是由于饥饱不均加上纵欲过度引起的。思虑烦扰，精神涣散，既不是上天也不是鬼神在作乱。病势虽然严重，但还是可以治好的。”

季梁说：“真是庸医。快赶出去！”

俞医生说：“你先天胎气不足，乳汁又喝得太多。这病也不是一朝一夕所致，而是逐渐形成和加深的，没法子治愈了。”

季梁说：“真是良医。姑且请他吃顿饭吧！”

卢医生说：“你的病既不是上天，也不是人力，也不是鬼怪所造成的。自从禀承天命获得了生命，接受了形骸，就已经有了制宰它的存在，也有了知晓它的存在。药物针石又能对你起什么作用呢？”

季梁说：“神医啊。重重地奖赏他，礼送他回去！”

不久，季梁的病就自行痊愈了。

生非贵之所能存，身非爱之所能厚；生亦非贱之所能夭，身亦非轻之所能薄。故贵之或不生，贱之或不死；爱之或不厚，轻之或不薄。此似反也，非反也；此自生自死，自厚自薄。或贵之而生，或贱之而死；或爱之而厚，或轻之而薄。此似顺也，非顺也；此亦自生自死，自厚自薄。

鬻熊语文王曰①：“自长非所增，自短非所损。算之所亡若何？”老聃语关尹曰：“天之所恶，孰知其故？”言迎天意，揣利害，不如其已。

【注释】

①鬻(yù)熊：周文王时人，相传为楚的祖先。

【译文】

生命并非珍惜它就能长存，身体并非爱护它就能强壮；生命也并非贱待它就会夭亡，身体也并非轻视它就会虚弱。所以珍惜生命或许不得生存，贱待生命或许不会死亡；爱护身体或许不得强壮，轻视身体或许不会虚弱。这前因后果看似相悖，却并没有相悖；它不过是自然地生自然地死，自然地强壮自然地虚弱。生命或许因为珍惜它而得以长存，或许因为贱待它而死亡；身体或许因为爱护它而得以强壮，或许因为轻视它而变得虚弱。这前因后果看似互相顺应，却并没有互相顺应；它也只是自然地生自然地死，自然地强壮自然地虚弱。

鬻熊对文王说："自然要变长的，并非是由于外力的增加；自然要变短的，并非是由于外力的减损。人的智谋对此又有什么办法呢？"老聃对关尹说："天所厌恶的，谁又知道其中的缘故呢？"意思就是说与其迎合天意，揣摩利害，还不如任其自然，趁早罢手。

杨布问曰[①]："有人于此，年兄弟也[②]，言兄弟也[③]，才兄弟也，貌兄弟也；而寿夭父子也，贵贱父子也，名誉父子也，爱憎父子也。吾惑之。"

杨子曰："古之人有言，吾尝识之，将以告若。不知所以然而然，命也。今昏昏昧昧，纷纷若若，随所为，随所不为。日去日来，孰能知其故？皆命也夫。信命者，亡寿夭；信理者，亡是非；信心者，亡逆顺；信性者，亡安危。则谓之都亡所信，都亡所不信。真矣悫矣[④]，奚去奚就？奚哀奚乐？奚为奚不为？黄帝之书云：'至人居若死[⑤]，动若械[⑥]。'亦不知所以居，亦不知所以不居；亦不知所以动，亦不知所以不动。亦不以众人之观易其情貌，亦不谓众人之不观不易其情貌。独往独来，独出独入，孰能碍之？"

【注释】

①杨布：战国时杨朱之弟。

②兄弟：此处比喻两者差别不大。下同。

③言：俞樾《诸子平议》释“言”为“訾程”，即资历。

④悫(què)：诚实。

⑤居若死：得道之人心如死灰，故其“居若死”，即静坐时如同死人一般。

⑥动若械：得道之人形同槁木，故其“动若械”，即行动时如同木偶一般。械，机关木人，即木偶。

【译文】

杨布问他的哥哥杨朱，说：“有两个人在这里，年龄差不多，资历差不多，才能差不多，形貌也差不多；而他们的寿命长短相差很大，地位高低相差很大，名誉好坏相差很大，受人爱憎喜恶也相差很大。我对此感到疑惑。”

杨朱答道：“古人有句话，我曾经记下来，现在拿来告诉你。不知道为什么会这样而这样，就是天命。现如今世间种种昏昏昧昧，纷纷扰扰，任凭你做些事情，或者什么也不做。旧日子流逝了，新日子照样到来，谁又能明白其中的缘由？这都是命啊。相信天命的人，无所谓长寿夭折；相信天理的人，无所谓是非对错；相信本心的人，无所谓逆境顺境；相信天性的人，无所谓安危祸福。这就叫做什么都不信，又什么都相信。真诚的态度，哪里还去考虑何去何从？为何悲哀又为何欢喜？究竟有什么该做又有什么不该做？《黄帝书》写道：‘得道的至人静坐着如同死灰，行动时好比木偶。’也不知道为什么坐着，也不知道为什么不坐；也不知道为什么行动，也不知道为什么不动。也不因为众人的看法而改变他的性情容貌。独往独来，独出独进，谁能阻碍他呢？”

墨屎、单至、啴咺、憋懯四人相与游于世①，胥如志也②；穷年不相知情，自以智之深也。

巧佞、愚直、婩斫、便辟四人相与游于世[3]，胥如志也；穷年而不相语术，自以巧之微也。

㑳伢、情露、謇极、凌谇四人相与游于世[4]，胥如志也；穷年不相晓悟，自以为才之得也。

眠娗、诿诿、勇敢、怯疑四人相与游于世[5]，胥如志也；穷年不相谪发[6]，自以行无戾也。

多偶、自专、乘权、只立四人相与游于世[7]，胥如志也；穷年不相顾眄，自以时之适也。

此众态也。其貌不一，而咸之于道，命所归也。

【注释】

①墨杘(méi chì)：内心狡诈佯装愚蠢的样子。此处以人的性情形貌作为假托的人名，以下皆是如此。单(zhàn)至：轻举妄动的样子。啴咺(chǎn xuān)：迂阔缓慢的样子。憋懯(fū)：急速匆忙的样子。

②胥：全，都。

③巧佞：巧言佞色的样子。愚直：质朴憨厚的样子。婩斫(àn zhuó)：懵懂不悟的样子。便(pián)辟：逢迎周旋的样子。

④㑳伢(qiāo qiā)：哀怒郁结于心而不肯吐露的样子。情露：内情暴露，无所隐藏的样子。謇(jiǎn)极：口吃而性急的样子。凌谇(suì)：喜好凌辱责骂他人的样子。

⑤眠娗(tiǎn)：害羞不开通的样子。诿诿(zhuì wěi)：繁重不堪的样子，即以重任推委他人。

⑥谪发：指摘揭发。

⑦多偶：随和多友的样子。自专：独断专行的样子。乘权：乘用权势的样子。只立：孤独自立的样子。

【译文】

虚伪狡诈的墨杘、轻举妄动的单至、迂阔迟缓的啴咺、急躁冲动的憋懯，四人同时在世间游荡，各自称心如意；多少年来互不了解情况，自以为智慧是最高深的。

巧言佞色的巧佞、质朴憨厚的愚直、懵懂不悟的婩斫、逢迎周旋的便辟，四人同时在世间游荡，各自称心如意；多少年来不相探讨道术，自以为机巧是最微妙的。

哀怨郁结的缪伢、心事不藏的情露、口吃性急的謇极、动辄谩骂的凌谇，四人同时在世间游荡，各自称心如意；多少年来不相启发点拨，自以为才华是最卓越的。

羞涩腼腆的眠娗、不堪重任的諈诿、果敢英勇的勇敢、胆怯犹豫的怯疑，四人同时在世间游荡，各自称心如意；多少年来不相指摘揭发，自以为行为毫无乖张之处。

随和谦逊的多偶、刚愎自用的自专、趋炎附势的乘权、孤芳自赏的只立，四人同时在世间游荡，各自称心如意；多少年来彼此不相瞻顾，自以为是适时走运的。

这就是大千世界的众生相。他们的面貌各不相同，却都符合于天道，这就是天命的安排啊。

佹佹成者[①]，俏成也[②]，初非成也。佹佹败者，俏败者也，初非败也。故迷生于俏，俏之际昧然。于俏而不昧然，则不骇外祸，不喜内福；随时动，随时止，智不能知也。信命者于彼我无二心。于彼我而有二心者，不若掩目塞耳，背坂面隍亦不坠仆也[③]。故曰：死生自命也，贫穷自时也。怨夭折者，不知命者也；怨贫穷者，不知时者也。当死不惧，在穷不戚，知命安时也。其使多智之人量利害，料虚实，度人情，得亦中，亡亦中。其少智之人不量利害，不料虚实，不度人情，得亦中，亡亦中。量与不量，料与不料，度与不度，奚以异？唯亡所量，亡所不量，则全而亡丧。亦非知全，亦非知丧，自全也，自亡也，自丧也。

【注释】

①佹佹（guī）：几乎，将近的样子。

②俏：通“肖”，相似。

③坂（bǎn）：山坡。这里指城墙。隍：没有水的护城壕。

【译文】

差不多要成功了，看似成功，但原本并非成功。差不多要失败了，看似失败，但原本并非失败。所以迷惑产生于相似，在相似的边界上事物变得蒙昧不清，难以分辨。如果能不迷惑于相似性，就不会因为外来的灾祸而惊骇，也不会为自身的福泽而欣喜；顺应时势而动，顺应时势而止，这单凭智力是不能明了的。相信天命的人对于外物和自身没有喜惧之心。对于外物和自身存在喜惧之心的人，不如闭目塞听，这样背对城墙面朝城壕也不至于坠落下去。所以说：死生定自天命，贫穷源于时机。抱怨短命夭折的人，不明白天命；抱怨贫穷困苦的人，不明白时机。面对着死亡而不恐惧，身处于穷困而不悲戚，是洞达天命随遇而安的表现。假使让足智多谋的人去衡量利害，预料虚实，揣度人情，行事正确的是一半，失误的也是一半。假使让愚笨无计的人不衡量利害，不预料虚实，不揣度人情，行事正确的也是一半，失误的也是一半。衡量与不衡量，预料与不预料，猜度与不猜度，又有什么差别呢？只有对什么都不去估量，而又无所不估量，才能保全本性而无所丧失。也并非凭借着智识得以保全，也并非由于智识而导致丧失，它们都是自然而然地保全，自然而然地消亡，自然而然地丧失的。

齐景公游于牛山[①]，北临其国城而流涕曰："美哉国乎！郁郁芊芊[②]，若何滴滴去此国而死乎[③]？使古无死者，寡人将去斯而之何？"

史孔、梁丘据皆从而泣曰[④]："臣赖君之赐，疏食恶肉可得而食[⑤]，驽马棱车可得而乘也[⑥]，且犹不欲死，而况吾君乎！"

晏子独笑于旁[⑦]。

公雪涕而顾晏子曰[⑧]："寡人今日之游悲，孔与据皆从寡人而泣，子之独笑，何也？"

晏子对曰："使贤者常守之，则太公、桓公将常守之矣[⑨]；使有勇者而常守之，则庄公、灵公将常守之矣[⑩]。数君者将守之，吾君方将被蓑笠而立乎畎亩之中[⑪]，唯事之恤[⑫]，行假念死乎[⑬]？则吾君又安得此位而立焉？以其迭处之迭去之，至于君也，而独为之流涕，是不仁也。见不仁之君，见谄谀之臣。臣见此二者，臣之所为独窃笑也。"

景公惭焉，举觞自罚[⑭]。罚二臣者各二觞焉。

【注释】

①齐景公：春秋时齐国国君，名杵臼。牛山：山名，在今山东淄博东北旧临淄。

②郁郁芊芊：草木茂盛的样子。

③滴滴：或作"滂滂"，流荡的样子。这里指时光飞逝，生命如江河日下。

④史孔、梁丘据：人名，两人同为齐景公的大臣。

⑤疏食：粗糙的粮食。一说，菜食，即素食。

⑥驽马：劣马。棱车：当为“栈车”之误。栈车，古代用竹木编成的简陋车子。

⑦晏子：春秋时齐国大夫。姓晏，名婴，字平仲，夷维（今山东高密）人。传世有《晏子春秋》，系后人依托并采缀晏子言行而成。

⑧雪涕：擦拭眼泪。雪，擦，拭。

⑨太公：即姜太公，周代齐国的始祖。姓姜，吕氏，名望，字尚父，一说，字子牙。桓公：即齐桓公。

⑩庄公：即齐庄公，名光，齐灵公之子。灵公：即齐灵公，名环，曾攻灭莱国，扩展疆土。

⑪畎（quǎn）亩：田地。畎，田间小沟。

⑫事：从事。这里指耕耘等农事。恤：担忧。

⑬行假：当作“何暇”。

⑭觞（shāng）：古代喝酒的酒器。

【译文】

齐景公在牛山游览时，向北眺望他的国都而感慨落泪：“多么美好的国家啊！草木丰茂，郁郁葱葱，可为什么生命匆匆流逝，我总有一天要离开这片国土而孤独地死去呢？假使自古以来就没有死亡这回事，我难道还会离开这儿到别处去吗？”

大臣史孔、梁丘据都跟着齐景公流泪说：“臣等仰仗君主恩赐，有粗陋的饭食可吃，有劣马栈车可乘，尚且不愿死去，更何况是我们的国君您呢！”

晏子却独自在一旁发笑。

齐景公擦干眼泪，回过头来对晏子说：“我今天登临游览，触景伤情，史孔、梁丘据都跟着我哭泣，而你却独自发笑，为什么啊？”

晏子答道：“假使让贤明的君主恒久地统治齐国，那么太公、桓公将会恒久地统治这个国家；假使让英勇的君主恒久地统治齐国，那么庄公、灵公将会恒久地统治这个国家。如果这几位国君永远统治着齐国，那么国君您就只能披着蓑衣、戴着斗笠，站在田野之中，只顾为农事收成担忧，哪里还会像现在有空暇来担忧死亡的问题呢？而且您又从哪儿继承王位得以成为今天的国君呢？正是因为历代国王相继登基又相继逝世，才轮到您呀！现在您却单单为一己的生死而落泪，这是没有仁德的表现。看见没有仁德的君王，又看见阿谀谄媚的大臣。我看见这样两种人，所以才独自暗暗发笑。”

齐景公为此感到十分惭愧，举起酒杯自己罚酒。同时也罚史孔、梁丘据两位大臣各饮两杯。

魏人有东门吴者[①]，其子死而不忧。

其相室曰[②]：“公之爱子，天下无有。今子死不忧，何也？”

东门吴曰：“吾常无子[③]，无子之时不忧。今子死，乃与向无子同，臣奚忧焉？”

【注释】

①东门吴：人名，复姓东门。一说，姓吴，因居住在城东门而得名。

②相室：管家。

③常：通“尝”，曾经。

【译文】

魏国有个叫东门吴的人，他的儿子死了，而他并不伤心。

管家问他：“您对儿子的疼爱，天下无人能及。现在儿子死了，您却不伤心，为什么呢？”

东门吴说：“我曾经没有儿子，没有儿子的时候我并不伤心。现在儿子死了，就和过去没有儿子的时候一样，我又有什么可伤心的呢？”

农赴时，商趣利[1]，工追术，仕逐势，势使然也。然农有水旱，商有得失，工有成败，仕有遇否[2]，命使然也。

【注释】

①趣(qū)：趋向，追逐。

②遇：顺畅。这里指顺境。否(pǐ)：阻滞。这里指逆境。

【译文】

农民抢赶时令，商人追逐利益，工匠讲究技艺，官吏争夺权势，是情势使得他们这样的。然而务农会遇上旱涝之灾，经商会有盈利亏损，做工难免成功失败，当官也有顺逆之境，这都是命运造成的。

杨　朱

【题解】

《杨朱》，又名《达生》。全篇畅言当生之乐，晓谕生死之道。文中“且趣当生，奚遑死后”的论调，以及“损一毫利天下不与也，悉天下奉一身不取也”的主张，堪称千古罕有的异端“邪”说。但刘向在《列子新书目录》中所称：“杨子之篇，唯贵放逸。”则未免以偏概全，支离其说。

文中，杨朱将名实关系两两分离，认为名未必符合实，实也未必依附于名。他列举管仲、田恒、尧、舜、伯夷、叔齐等人的不同遭际，证明社会上存在着种种“实名贫，伪名富”的不公平现象。唯有死亡才能够消解尘世间的这些贵贱等差，并且卸下所有仁义道德的虚浮光环，让仁圣凶愚死后同样化作腐骨。由此反观充满苦难的历史进程与飘忽无定的短暂人生，我们唯一能够把握的就是当下的厚味、美服、好色、音声，与之相比，任何的生前虚名或是死后荣耀都无异于伤生害性的“重囚累梏”。凡俗之人，顾忌着刑赏的尺度、名法的教诲，行为处世往往前瞻后瞩，即便有幸得享百年之寿，也不过做了礼教与名利的傀儡。公孙朝、公孙穆酗酒作乐，端木叔散尽家累，在常人眼中自是狂放之徒。殊不知杨朱正是通过这两则寓言昭示天下，应当抛弃造作虚伪，不为功名所误，不为利禄所累，乐生逸身，任性纵情，才是悟道真人。

篇末，杨朱又唯恐矫枉过正，故而转回名实之论，表明在“有名则尊荣,亡名则卑辱”的现实中,“名”与“实”并不是完全割裂的关系。但若是在缘自本性的欲求之外,还去追求多馀的功名利禄,那就是贪得无厌,成为他所鄙夷的“守名而累实”。可见,杨朱学说本为批驳俗世虚荣,解脱纲常教化,并非肆意妄为。及至后人曲解,才让他无端担起了自私放纵的万世恶名。

杨朱游于鲁,舍于孟氏[①]。

孟氏问曰:“人而已矣,奚以名为?”

曰:“以名者为富。”

“既富矣,奚不已焉?”

曰:“为贵。”

“既贵矣,奚不已焉?”

曰:“为死。”

“既死矣,奚为焉?”

曰:“为子孙。”

“名奚益于子孙?”

曰:“名乃苦其身,燋其心[②]。乘其名者,泽及宗族,利兼乡党[③];况子孙乎?”

“凡为名者必廉,廉斯贫[④];为名者必让,让斯贱。”

曰:“管仲之相齐也,君淫亦淫,君奢亦奢。志合言从,道行国霸。死之后,管氏而已。田氏之相齐也,君盈则己降,君敛则己施。民皆归之,因有齐国;子孙享之,至今不绝。”

“若实名贫,伪名富。”

曰:“实无名,名无实。名者,伪而已矣。昔者尧舜伪以天下让许由、善卷[5]，而不失天下，享祚百年[6]。伯夷、叔齐实以孤竹君让而终亡其国[7]，饿死于首阳之山。实伪之辩[8]，如此其省也[9]。”

【注释】

①舍：住宿。

②爇：同“灼”，烧灼。

③乡党：周朝以五百家为“党”，一万二千五百家为“乡”。后泛指乡里。

④斯：则。

⑤许由：古代隐者。相传尧拟让与君位，他逃至箕山下，农耕而食。尧又请其为九州长官，他到颍水边洗耳，表示不愿听闻。善卷：古代隐者。相传舜曾以天下让善卷，他以“日出而作，日入而息，逍遥于天地之间，而心意自得”而拒不接受。

⑥祚（zuò）：国运，国祚。

⑦孤竹：古国名，在今河北卢龙一带，存于商、周之时。

⑧辩：通“辨”，辨别，分别。

⑨省（xǐng）：明白，清楚。

【译文】

杨朱在鲁国游历，住在孟氏家里。

孟氏问他：“人不过就是这样，还要名声做什么呢？”

杨朱答道：“靠名声来发财致富。”

孟氏又问：“已经富足了，为什么还不肯罢休呢？”

杨朱答道：“为了获得尊贵的地位。”

孟氏再问：“已经获得尊贵的地位了，为什么还不罢休呢？”

杨朱答道：“为了自己死后。”

孟氏问：“人已经死了，还为什么呢？”

杨朱答道：“为了子孙后代。”

孟氏问:“名声对子孙有什么好处呢?”

杨朱答道:“名声这东西让人身体劳苦,心情焦躁。凭借着名声,其福泽可以施及宗族,利益可以兼顾乡党;更何况是自己的子孙后代呢?”

孟氏说:“但凡追求名声的人必定要廉洁,廉洁则会导致贫困;追求名声的人必定要谦让,谦让则会导致地位卑贱。”

杨朱说:“管仲辅佐齐桓公的时候,国君淫逸他也淫逸,国君奢侈他也奢侈。顺合君王的意愿,听从君王的言语,他的治国之道才得以推行,齐国才得以称霸诸侯。但他死后,管氏家族不过了了。田成子出任齐国的国相,国君骄盈,他就谦逊;国君聚敛财货,他就施舍济贫。民心都归顺于他,因此便据有了齐国;子孙后代享用其福泽,至今也不曾中断。”

孟氏说:“这样看来,真实的名声使人贫困,虚假的名声倒使人富贵!”

杨朱说道:“真实的人没有名声,有名声的人不真实。名声不过是虚假作伪罢了。从前尧舜虚伪地把天下让给隐士许由、善卷,却并没有真正失去天下,从而安享天子之位达百年之久。伯夷、叔齐真心实意地谦让孤竹国的王位,结果反而亡国,还双双饿死在首阳山上。真实与虚伪的分别,就是这样明白啊。”

杨朱曰:“百年,寿之大齐①。得百年者千无一焉。设有一者,孩抱以逮昏老,几居其半矣。夜眠之所弭②,昼觉之所遗,又几居其半矣。痛疾哀苦,亡失忧惧,又几居其半矣。量十数年之中,逌然而自得亡介焉之虑者③,亦亡一时之中尔。则人之生也奚为哉?奚乐哉?为美厚尔,为声色尔。而美厚复不可常厌足④,声色不可常翫闻⑤。乃复为刑赏之所禁劝,名法之所进退;遑遑尔竞一时之虚誉,规死后之馀荣;偊偊尔顺耳目之观听[⑥],惜身意之是非;徒失当年之至乐,不能自肆于一时。重囚累梏,何以异哉?太古之人知生之暂来,知死之暂往;故从心而动,不违自然所好;当身之娱非所去也,故不为名所劝。从性而游,不逆万物所好,死后之名非所取也,故不为刑所及。名誉先后,年命多少,非所量也。”

【注释】

①大齐(jì):大限。

②弭(mǐ):息止,消磨。

③逌(yóu)然:舒适自得的样子。介:通“芥”,小草。引申为细微。

④厌(yàn):饱,足。

⑤翫(wán):“玩”的异体字。

⑥偊偊(yǔ):独行貌。

【译文】

杨朱说:“一百岁,是人生寿命的大限。能够活到一百岁的,一千个人里很难挑出一个。即使有这么一个人活到一百岁,那么从孩提襁褓到衰弱老迈的阶段,几乎就占据了他生命中的一半时间。晚上睡觉所消耗的,再加上白天觉醒时所浪费的,又几乎占据了剩馀时间的一半。病痛哀愁劳苦,失意忧伤惊惧,又几乎占据了剩馀时间的一半。算起来在这剩下的十几年里,能够怡然自得,心中没有丝毫挂虑的,也不过是短暂的刹那罢了。那么人生一世,究竟为的是什么呢?究竟有什么喜乐呢?不过是为了锦衣玉食,为了歌舞美色罢了。然而锦衣玉食又不可能总是得到满足,歌舞美色也不可能常常得以玩赏。而且人生来还要受到刑罚的禁止、赏赐的诱导,名教的督促,礼法的束缚;惶惶不安地去竞得一时的虚名,还得谋算着死后留下的荣耀;在人生路上孤单审慎地观察聆听，顾惜着身心的是是非非；徒然丧失了有生之年的最大快乐，不能给自己片刻的肆意放纵。这同关进深牢戴上沉重的手铐脚镣，有什么不一样呢？远古时期的人们懂得生命不过是迅疾的到来，懂得死亡不过是迅疾的离开；所以顺从心愿行动，从来不违背自己天性的喜好；对于现世的欢愉决不放弃，因此能够不受名誉的诱惑。放纵天性，优游世间，不违逆万物的喜好，不追求死后的虚名，因此也不会触及刑罚。名誉的先来后到，寿命的长短多少，并非是他们所思量的。”

杨朱曰：“万物所异者生也，所同者死也。生则有贤愚、贵贱，是所异也；死则有臭腐、消灭，是所同也。虽然，贤愚、贵贱非所能也；臭腐、消灭亦非所能也。故生非所生，死非所死；贤非所贤，愚非所愚，贵非所贵，贱非所贱。然而万物齐生齐死，齐贤齐愚，齐贵齐贱。十年亦死，百年亦死。仁圣亦死，凶愚亦死。生则尧舜，死则腐骨；生则桀纣，死则腐骨。腐骨一矣，孰知其异？且趣当生，奚遑死后[①]？”

【注释】

①遑：闲暇，空闲。

【译文】

杨朱说：“万物的差异在于生命的过程，万物的共同点则在于死亡的终点。活着的时候分作贤明和愚昧、尊贵与卑贱，这就是差异；死了以后都要腐臭、消亡，这就是相同。即便如此，贤明愚昧、尊贵卑贱也不是自己能够做主的；同样，腐臭消亡也不是自己能够做主的。所以生存并非是自己做主的生存，死亡也不是自己做主的死亡；贤明并非是自己做主的贤明，愚昧也不是自己做主的愚昧，尊贵并非是自己做主的尊贵，卑贱也不是自己做主的卑贱。然而事实上，万物的生死是齐等的，贤明与愚昧是齐等的，尊贵与卑贱也是齐等的。活十年是一死，活上一百年也是一死。仁人圣贤会死，凶顽愚劣的人也会死。活着的时候是尧舜，死后不过是腐骨；活着的时候是桀纣，死后一样也是腐骨。腐朽的骨殖统统一样，又有谁知道它们生前的差异呢？姑且享受今生的乐趣，哪里还有空理会死后的世界？”

杨朱曰：“伯夷非亡欲，矜清之邮①，以放饿死②。展季非亡情，矜贞之邮，以放寡宗③。清贞之误善之若此！”

【注释】

①邮：通“尤”，尤其，过分。

②放（fǎng）：至，到。

③寡宗：宗族不繁盛，意谓子孙很少。

【译文】

杨朱说：“伯夷并非是没有欲望，只是过分地矜持清高，以至于饿死在首阳山上。展季并非是缺乏感情，只是过分地矜持贞洁，以至于寡子少孙。清高贞洁耽误善良的人们竟然到了如此地步！”

杨朱曰：“原宪窭于鲁①，子贡殖于卫②。原宪之窭损生，子贡之殖累身。”

“然则窭亦不可，殖亦不可，其可焉在？”

曰：“可在乐生，可在逸身。故善乐生者不窭，善逸身者不殖。”

【注释】

①原宪：春秋末鲁国人。一说，宋国人，字子思，孔子弟子。孔子死

后，隐居于卫。窭(jù)：贫寒。

②殖：货殖，经商。此处含有发财、富有的意思。

【译文】

杨朱说："原宪在鲁国挨饿受穷，子贡在卫国经商发财。原宪的贫寒损害了自己的生命，子贡的经商劳累了自己的身心。"

有人问："既然穷苦也不合适，经商也不合适，那么还有什么合适的事呢？"

杨朱答道："在于让生命体验到快乐，让身心体验到安逸。所以说善于使生命得到快乐的人不会让贫穷伤生，善于使身心得到安逸的人不会为发财而累垮。"

杨朱曰："古语有之：'生相怜，死相捐[①]。'此语至矣。相怜之道，非唯情也；勤能使逸，饥能使饱，寒能使温，穷能使达也。相捐之道，非不相哀也；不含珠玉，不服文锦，不陈牺牲，不设明器也[②]。晏平仲问养生于管夷吾[③]。管夷吾曰：'肆之而已，勿壅勿阏[④]。'晏平仲曰：'其目奈何[⑤]？'夷吾曰：'恣耳之所欲听，恣目之所欲视，恣鼻之所欲向，恣口之所欲言，恣体之所欲安，恣意之所欲行。夫耳之所欲闻者音声，而不得听，谓之阏聪；目之所欲见者美色，而不得视，谓之阏明；鼻之所欲向者椒兰，而不得嗅，谓之阏颤[⑥]；口之所欲道者是非，而不得言，谓之阏智；体之所欲安者美厚，而不得从，谓之阏适；意之所欲为者放逸，而不得行，谓之阏性。凡此诸阏，废虐之主[⑦]。去废虐之主，熙熙然以俟死，一日、一月、一年、十年，吾所谓养。拘此废虐之主，录而不舍[⑧]，戚戚然以至久生，百年、千年、万年，非吾所谓养。'管夷吾曰：'吾既告子养生矣，送死奈何？’晏平仲曰：‘送死略矣，将何以告焉？’管夷吾曰：‘吾固欲闻之。’平仲曰：‘既死，岂在我哉？焚之亦可，沉之亦可，瘗之亦可[9]，露之亦可，衣薪而弃诸沟壑亦可，衮衣绣裳而纳诸石椁亦可[10]，唯所遇焉。’管夷吾顾谓鲍叔、黄子曰[11]：‘生死之道，吾二人进之矣[12]。’”

【注释】

①捐：捐弃，舍弃。

②明器：即“冥器”，专为随葬而制作的器物，一般用陶或木、石制成。

③晏平仲问养生于管夷吾：晏平仲即晏婴。晏平仲与管夷吾二人不同时，相隔百馀年，不可能一块儿对话。此番对话属作者假托，以寓言形式出现。

④壅（yōng）：堵塞。阏（è）：遏止。

⑤目：细目，具体情况。

⑥颤（shān）：鼻通能辨别气味。

⑦废虐：残毁。废，大。主：主导，主因。

⑧录：检束，约束。

⑨瘗（yì）：埋葬。

⑩衮（gǔn）衣：古代帝王及上公的礼服。石椁（guǒ）：石头做的套棺。

⑪黄子：齐国大臣，与管仲同时。

⑫进：通“尽”，通透，尽彻。

【译文】

杨朱说：“古时候有句话说：‘活着的时候互相怜爱，死去以后捐弃释怀。’这话真是有水平。相互怜爱的途径，不仅仅是动之以情；还要让勤苦的人得享安逸，让饥饿的人得到饱餐，寒冷的时候给他温暖，穷困的时候使他显达。相互捐弃的途径,并非是不为死者哀伤;而是不让死者口中衔含珍珠美玉,不在死者身上穿着锦衣华服,不在灵前陈设祭祀供品,不在坟内埋置殉葬冥器。晏平仲向管夷吾询问养生之道。管夷吾说:'不过是肆意放纵自己的欲望罢了,不要去堵塞它,不要去遏制它。'晏平仲问:'具体有哪些细则?'管夷吾说:'放任耳朵想听什么就听什么,放任眼睛想看什么就看什么,放任鼻子想闻什么就闻什么,放任嘴巴想说什么就说什么,放任身体想怎么舒服就怎么舒服,放任意念想怎么做就怎么做。耳朵想要听的是美妙的声音,却不让听,这就叫做遏制听觉的灵敏;眼睛想要看的是美好的姿色,却不让看,这就叫做遏制视觉的明锐;鼻子想要闻的是香料香花的味道,却不让闻,这就叫做遏制嗅觉的审辨;嘴巴想说的是人间的是是非非,却不让说,这就叫做遏制头脑的智慧;身体想要享受的是锦衣玉食,却不让得到,这就叫做遏制人身的安乐;意念想做的是放纵逸乐,却不让做,这就叫做遏制天性的本真。凡此种种遏制,都是残害身心的主要因素。摒除这些残害身心的根本原因,欢欢喜喜一直到死,哪怕只活上一天、一月、一年、十年,也算是我所谓的养生。拘泥在这些残害身心的事情里,甘愿受束缚也不加以摒弃,悲悲戚戚地活上很久,哪怕是一百年、一千年、一万年,也不算是我所谓的养生。'管夷吾说完,反问道:'我既然告诉了你养生之道,那么你说给死人送葬又该如何呢?'晏平仲说:'送葬就简单了,有什么可以说的呢?'管夷吾说:'我就是想听一听。'晏平仲说:'人都死了,还由得了他自己吗?把尸体焚化也可以,沉入水中也可以,埋到地里也可以,抛在露天也可以,裹上柴草丢到沟里也可以,锦衣绣服安置到石棺里也可以,遇上什么就是什么了。'管夷吾听罢,回头对鲍叔、黄子说:'养生之道与送死之道,我和晏子算是彻底领悟了。'"

子产相郑,专国之政;三年,善者服其化,恶者畏其禁,郑国以治。诸侯惮之。

而有兄曰公孙朝，有弟曰公孙穆。朝好酒，穆好色。朝之室也聚酒千钟[①]，积麴成封[②]，望门百步，糟浆之气逆于人鼻。方其荒于酒也[③]，不知世道之安危，人理之悔吝，室内之有亡，九族之亲疏[④]，存亡之哀乐也。虽水火兵刃交于前，弗知也。穆之后庭比房数十，皆择稚齿婑媠者以盈之[⑤]。方其耽于色也，屏亲昵，绝交游，逃于后庭，以昼足夜[⑥]；三月一出，意犹未惬。乡有处子之娥姣者[⑦]，必贿而招之，媒而挑之，弗获而后已。

子产日夜以为戚，密造邓析而谋之，曰："侨闻治身以及家，治家以及国，此言自于近至于远也。侨为国则治矣，而家则乱矣。其道逆邪？将奚方以救二子？子其诏之[⑧]！"

邓析曰："吾怪之久矣，未敢先言。子奚不时其治也，喻以性命之重，诱以礼义之尊乎？"

子产用邓析之言，因间以谒其兄弟，而告之曰："人之所以贵于禽兽者，智虑。智虑之所将者[⑨]，礼义。礼义成，则名位至矣。若触情而动，耽于嗜欲，则性命危矣。子纳侨之言，则朝自悔而夕食禄矣。"

朝、穆曰："吾知之久矣，择之亦久矣，岂待若言而后识之哉？凡生之难遇而死之易及。以难遇之生，俟易及之死，可孰念哉？而欲尊礼义以夸人，矫情性以招名，吾以此为弗若死矣。为欲尽一生之欢，穷当年之乐。唯患腹溢而不得恣口之饮，力惫而不得肆情于色；不遑忧名声之丑，性命之危也。且若以治国之能夸物，欲以说辞乱我之心，荣禄喜我之意，不亦鄙而可怜哉？我又欲与若别之。夫善治外者，物未必治，而身交苦；善治内者，物未必乱，而性交逸。以若之治外，其法可暂行于一国，未合于人心；以我之治内，可推之于天下，君臣之道息矣。吾常欲以此术而喻之，若反以彼术而教我哉？”

子产忙然无以应之⑩，他日以告邓析。

邓析曰：“子与真人居而不知也，孰谓子智者乎？郑国之治偶耳，非子之功也。”

【注释】

①千钟：极言其藏酒之多。钟，古代量器。四升为豆，四豆为区，四区为釜，十釜为钟。

②麴(qū)：酒曲。封：土堆。

③荒：沉迷。

④九族：指本身以上的父、祖、曾祖、高祖和以下的子、孙、曾孙、玄孙。

⑤稚齿：谓年少。婑媠(wǒ tuǒ)：柔弱美好貌。

⑥足：补足。

⑦娥姣：意谓女子貌美。

⑧诏：本用作上对下的告语，这里泛指“告诉”。

⑨将：凭借，依据。

⑩忙然：即“茫然”。

【译文】

子产担任郑国国相，独揽着国家政权；经过三年，好人服从他的教化，坏人畏惧他的禁令，郑国因此得到长治久安。各国诸侯都害怕郑国的强大。

但子产有个哥哥名叫公孙朝，有个弟弟名叫公孙穆。公孙朝偏爱喝酒，公孙穆偏爱女色。公孙朝的家里藏着千钟美酒，酒曲堆放得像小土坡，离他家大门一百步，酒浆的香气就扑鼻而来。当他沉迷于喝酒的时候，就不知道世道的安危，人情的厚薄，家业的有无，亲族的远近，存亡的哀乐。就算面前水火兵刃交加，也毫无知觉。公孙穆的后庭有几十间房屋鳞次栉比，全都住满了挑来的年轻美貌的女子。当他沉溺于女色的时候，就摒退一切亲属，断绝所有朋友交游，逃避在后庭之中，日以继夜地纵情享乐；三个月才从里头出来一次，还觉得意犹未尽，不甚惬意。但凡乡间有面目姣好的未嫁姑娘，他必定要用财物来招引，请媒人来挑诱，不弄到手绝不罢手。

子产整天整夜为这兄弟二人的行为担忧，于是私底下造访邓析，同他商量说："我听说治理好自身才能治理好家，治理好家才能治理好国，这是说做事得按照从近到远的次序。我对于国家可以说是治理得十分像样，可是自己家却弄得一团糟。这不是把修身、齐家、治国的道理颠倒了吗？有什么办法可以挽救我这两位兄弟呢？您替我出出主意啊！"

邓析说道："我对这情况早就感到奇怪了，只是没敢先说罢了。你为什么不找个恰当的时机管教他们一下，劝谕他们认识性命的重要，启发他们明白礼义的尊贵呢？"

子产采纳了邓析的意见，找机会去见了兄弟俩，并劝告他们说："人之所以比飞禽走兽高贵，在于人有理智和思虑。理智和思虑所依托的，便是礼义。礼义具备了，名誉地位就会随之而来。如果一味地感情用事，沉溺于个人嗜好，那么性命就危险啦。你们要是听从我的劝告，那早上改悔自信，到晚上就能居官吃俸禄了。"

公孙朝和公孙穆答道："这道理我们知道了很久，也抉择了很久，难道还要等你说了才明白吗？大凡生命是难以得到的，死亡却很容易到来。以难得的生命，去等待容易到来的死亡，还有什么可以顾忌的呢？你想通过尊重礼义来向人夸耀，矫饰性情来招致美名，我们认为这样还不如死了好呢。生而为人，就要享尽一生的欢愉，穷极有生之年的快乐。只怕肚子太饱而不能让嘴巴恣意吃喝，只怕是精力疲惫而不能纵情于声色；顾不上担忧什么名声的丑恶，性命的危险。而你凭着治国的才干向社会夸耀，还想用说辞来扰乱我们的心思，功名利禄来诱惑我们的意志，岂不是太卑鄙太可怜了吗？我们还想替你把道理分辨清楚。善于治理外物的人，外物未必治理得好，而自己却累得心力交瘁；善于治理内心的人，外物未必会发生混乱，而本性却自然得以安逸。以你治理外物的方法，或许暂时能在一国奏效，却未必合乎人心；以我们调治内心的方法，则可以推广到整个天下，连君臣之间的一切纲常教律也一概可以废除了。我们常常想用这治内心的方法来开导你，结果你倒用你治外物的方法教训起我们来了？”

子产茫茫然无言以对，改天把这事告诉邓析。

邓析说：“你和得道的真人住在一起却不知道，谁说你是个聪明人？郑国治理得好不过是偶然而已，并不是你的功劳啊。”

卫端木叔者[①]，子贡之世也。藉其先赀[②]，家累万金。不治世故[③]，放意所好。其生民之所欲为[④]，人意之所欲玩者，无不为也，无不玩也。墙屋台榭，园囿池沼，饮食车服，声乐嫔御，拟齐楚之君焉。至其情所欲好，耳所欲听，目所欲视，口所欲尝，虽殊方偏国，非齐土之所产育者，无不必致之；犹藩墙之物也[⑤]。及其游也，虽山川阻险，涂径修远，无不必之，犹人之行咫步也。宾客在庭者日百住，庖厨之下不绝烟火，堂庑之上不绝声乐[⑥]。奉养之馀，先散之宗族；宗族之馀，次散之邑里；邑里之馀，乃散之一国。行年六十，气干将衰，弃其家事，都散其库藏、珍宝、车服、妾媵[⑦]。一年之中尽焉，不为子孙留财。及其病也，无药石之储；及其死也，无瘗埋之资。一国之人受其施者，相与赋而藏之[⑧]，反其子孙之财焉。

禽骨釐闻之[9]，曰："端木叔，狂人也，辱其祖矣。"

段干生闻之[10]，曰："端木叔，达人也，德过其祖矣。其所行也，其所为也，众意所惊，而诚理所取。卫之君子多以礼教自持，固未足以得此人之心也。"

【注释】

①端木叔：复姓端木，名叔。孔子弟子端木赐(即子贡)的后代。

②赀(zī)：财产。

③世故：社会上的事务。

④生民：一般人，众人。

⑤百住：数以百计。住，当为"数"。

⑥庑(wǔ)：堂下周围的廊屋。

⑦妾媵(yìng)：古时诸侯之女出嫁，从嫁之妹与女侄，称"妾媵"。

⑧赋：按人口出钱。藏：埋葬。

⑨禽骨釐(xī)：战国初人。初受业于子夏，后学于墨子，尽传其学，尤精研攻防城池的战术。

⑩段干生：应为"段干木"。战国初魏国人。姓段干，名木。曾求学于子夏。因魏成子推荐，魏文侯加以礼敬，给予爵禄官职，都不受。文侯乘车过他的住所门口，必伏轼致敬。

【译文】

卫国有个端木叔，是子贡的后代。凭借祖先的遗产，积累了万贯家财。他不经营社会事务，恣意放任自己的嗜好。只要是人们想做的，意念中想玩的，无所不为，无所不玩。他家的高墙深院、楼阁台榭，花苑兽园、池塘水沼，美酒玉食、华车锦服，歌舞声乐、嫔御侍妾，都可以和齐、楚两国的国君媲美。至于他感情上所喜好的，耳朵想听到的，眼睛想看到的，嘴巴想尝到的，即使远在异国他乡，并非是齐国本土所产育的，也非要弄到不可；就像是对待自家围墙里的东西一般。要说他外出游玩，即便是山川险阻，路途遥远，都一定要到达，就好像普通人走上几步路一样。聚集在他家庭院里的宾客每天数以百计，厨房里烟火不熄，厅堂廊屋之上声乐不断。奉养宾客之外，还有多馀财物，他先散发给宗族本家；散发给宗族本家之外，还有多馀，再散发给乡里乡亲；散发给乡里乡亲之外，还有多馀，于是散发到全国民众。到了六十岁上下，他的气血体力渐渐衰竭，干脆放弃家业，将府库中储藏的物资、珍宝、车服、妾婢，统统遣散出去。一年之内家产荡然无存，没给子孙留下任何财产。等到他生病的时候，已没有治病买药的积蓄；等到他去世的时候，也没有置地安葬的钱财。国内凡是接受过他施舍的人，一同按人口凑钱将他安葬了，并把财产返还给他的子孙。

禽骨釐听闻此事，说："端木叔真是个狂妄之人，把他的祖宗都辱没了。"

魏国的段干木听闻此事，说："端木叔真是个通达之人，他的德行超过了他的祖先。他的所作所为，大家心中都感到惊讶，却实在是符合情理的。卫国的君子大多以礼教来约束自己，自然不足以理解他的内心。"

孟孙阳问杨子曰①："有人于此，贵生爱身，以蕲不死②，可乎？"

曰："理无不死。"

"以蕲久生，可乎？"

曰："理无久生。生非贵之所能存，身非爱之所能厚。且久生奚为？五情好恶，古犹今也；四体安危，古犹今也；世事苦乐，古犹今也；变易治乱，古犹今也。既闻之矣，既见之矣，既更之矣[3]，百年犹厌其多，况久生之苦也乎？”

孟孙阳曰：“若然，速亡愈于久生；则践锋刃，入汤火，得所志矣。”

杨子曰：“不然。既生，则废而任之，究其所欲，以俟于死。将死，则废而任之，究其所之，以放于尽。无不废，无不任，何遽迟速于其间乎[4]？”

【注释】

①孟孙阳：杨朱的弟子。

②蕲(qí)：通“祈”，祈求。

③更：经历。

④遽(jù)：惶恐。

【译文】

孟孙阳问杨朱：“假使有这么个人，珍惜自己的生命爱护自己的身体，以祈求不死，可能吗？”

杨朱答道：“按道理人没有不死的。”

孟孙阳又问：“以此来祈求长生，可能吗？”

杨朱答道：“按道理人不可能长生不老。生命并非是珍惜它就能长存的，身体也不是爱护它就能强壮起来的。况且要长生干什么？人们的喜怒哀乐怨，古代和现代是一样的；身体的安危，古代和现代是一样的；世事的悲欢，古代和现代是一样的；社会的变革治乱，古代和现代是一样的。既然已经听说过了，已经见识过了，已经经历过了，活上一百年尚且嫌它太多，何况长久地活下去该有多痛苦？”

孟孙阳说：“如果这样，倒是快点死比长寿更好；那么去触碰刀锋斧刃，投进沸水烈火，就可以满足心愿了。”

杨朱说：“不是的。既然已经活着，不如听之任之，尽量满足所有的欲望，以等候死亡的到来。即将死亡的时候，也要听之任之，让生命愿意去哪儿就去哪儿，直到命终。没有什么舍弃不下的，也没有什么不能放任的，何苦为生死之间的迟缓或迅疾而惶恐担忧呢？”

杨朱曰：“伯成子高不以一毫利物[①]，舍国而隐耕。大禹不以一身自利，一体偏枯[②]。古之人损一毫利天下不与也，悉天下奉一身不取也。人人不损一毫，人人不利天下，天下治矣。”

禽子问杨朱曰：“去子体之一毛以济一世，汝为之乎？”

杨子曰：“世固非一毛之所济。”

禽子曰：“假济，为之乎？”

杨子弗应。

禽子出语孟孙阳。孟孙阳曰：“子不达夫子之心，吾请言之。有侵若肌肤获万金者，若为之乎？”

曰：“为之。”

孟孙阳曰：“有断若一节得一国，子为之乎？”

禽子默然有间。

孟孙阳曰：“一毛微于肌肤，肌肤微于一节，省矣。然则积一毛以成肌肤，积肌肤以成一节。一毛固一体万分中之一物，奈何轻之乎？”

禽子曰：“吾不能所以答子。然则以子之言问老聃、关尹，则子言当矣；以吾言问大禹、墨翟，则吾言当矣。”

孟孙阳因顾与其徒说他事。

【注释】

①伯成子高:即伯益,亦称“大费”。古代嬴姓各族的祖先,善于畜牧和狩猎,被舜任为虞,掌管草木鸟兽,供应鲜食。为禹所重用,助禹治水有功,被选为继承人。传说由于他谦让,禹子启被选继位。

②偏枯:亦称“偏瘫”,中医指半身不遂的病。

【译文】

杨朱说:“伯成子高不肯拿出一根毫毛来施惠外物,因此舍弃王位,隐居山野,耕田度日。大禹不愿为自身谋利益,以至于劳累过度,半身不遂。古代的人,对于损伤一根毫毛来施惠于天下的事,他不愿意去付出;对于把整个天下拿来奉养自身的事,他也不愿去获取。如果人人都不损失一根毫毛,人人都无须有利于天下,那么天下就大治了。”

禽骨釐问杨朱:“去掉你身上的一根毫毛来救济全社会,你干不干?”

杨朱说:“全社会不是靠一根毫毛就能救济的。”

禽骨釐又问:“假如能够救济,你愿意干吗?”

杨朱不搭理他。

禽骨釐出门将此事告诉了孟孙阳。孟孙阳说:“你不能领会先生的心意,还是让我来说说看吧。假设有人侵害你的肌肤而同时让你获得万金,你干不干?”

禽骨釐说:“愿意干。”

孟孙阳接着说:“假如有人砍断你一段肢体而同时让你获得一个国家的补偿,你干不干?”

禽骨釐沉默了一会,没有回答。

于是孟孙阳说:“一根毫毛比肌肤轻微,肌肤又比一段肢体轻微,这是明摆着的。然而正是一根根毫毛累积起来,形成了肌肤;一寸寸肌肤累积起来,形成了肢体。一根毫毛固然只占了身体的万分之一,可又怎能轻视它呢?”

禽骨釐说:“我没什么道理来回答你。然而拿你的话去询问老聃、关尹,那么你的话是恰当的;而拿我的话去询问大禹、墨翟,那么我的话也是恰当的。”

孟孙阳听罢,就回过头去和他的学生讲其他事情了。

杨朱曰:“天下之美归之舜、禹、周、孔[1],天下之恶归之桀、纣。然而舜耕于河阳[2],陶于雷泽[3],四体不得暂安,口腹不得美厚;父母之所不爱,弟妹之所不亲。行年三十,不告而娶。及受尧之禅,年已长,智已衰。商钧不才[4],禅位于禹,戚戚然以至于死:此天人之穷毒者也。鲧治水土[5],绩用不就,殛诸羽山[6]。禹纂业事雠[7],惟荒土功[8],子产不字[9],过门不入;身体偏枯,手足胼胝[10]。及受舜禅,卑宫室,美绂冕[11],戚戚然以至于死:此天人之忧苦者也。武王既终,成王幼弱[12],周公摄天子之政。邵公不悦[13],四国流言。居东三年,诛兄放弟[14],仅免其身,戚戚然以至于死:此天人之危惧者也。孔子明帝王之道,应时君之聘,伐树于宋[15],削迹于卫[16],穷于商周[17],围于陈、蔡[18],受屈于季氏[19],见辱于阳虎[20],戚戚然以至于死:此天民之遑遽者也。凡彼四圣者,生无一日之欢,死有万世之名。名者,固非实之所取也。虽称之弗知,虽赏之不知,与株块无以异矣[21]。桀藉累世之资,居南面之尊,智足以距群下[22],威足以震海内;恣耳目之所娱,穷意虑之所为,熙熙然以至于死:此天民之逸荡者也。纣亦藉累世之资,居南面之尊;威无不行,志无不从;肆情于倾宫,纵欲于长夜;不以礼义自苦,熙熙然以至于诛:此天民之放纵者也。彼二凶也,生有从欲之欢,死被愚暴之名。实者,固非名之所与也。虽毁之不知,虽称之弗知,此与株块奚以异矣。彼四圣虽美之所归,苦以至终,同归于死矣。彼二凶虽恶之所归,乐以至终,亦同归于死矣。”

【注释】

①周:周公,姓姬,名旦,周文王之子,武王之弟,曾助武王灭商。武王死,成王年幼,由其摄政。

②舜耕于河阳:但据《史记·五帝本纪》“舜耕历山”,则舜耕田于历山。河阳,古地名,在今河南孟县西。

③陶:制作陶器。雷泽:古泽名。

④商钧:舜的儿子。

⑤鲧(gǔn):亦作“鲧”,颛顼子,禹之父,传说中原始时代部落首领。曾奉尧命治水,因他用筑堤防水的方法,九年未治平,被舜杀死在羽山。

⑥殛(jí):诛杀。羽山:山名,在今山东郯城东北。

⑦纂(zuǎn):继承。雠(chóu):“仇”的异体字。

⑧荒:沉溺。

⑨字:抚爱。

⑩胼胝(pián zhī):手掌或足底因长期劳动摩擦而形成增厚的角质层,俗称“老茧”。

⑪绂(fú)冕:古代祭服。绂,蔽膝。

⑫成王:周成王,姓姬,名诵。其父武王去世时,他尚年幼,由叔父周公旦摄政。

⑬邵公:亦作“召公”,姓姬,名奭。周代燕国始祖。曾佐武王灭商,被封于燕。成王时任太保,与周公旦分陕而治。

⑭诛兄放弟:周公旦摄政后,其兄管叔鲜与其弟蔡叔度联合殷纣王

之子武庚作乱，后为周公平定，杀管叔，放逐蔡叔。

⑮伐树于宋：《史记·孔子世家》："孔子去曹，适宋，与弟子习礼大树下。宋司马桓魋欲杀孔子，拔其树。"

⑯削迹于卫：卫灵公原来想聘用孔子，后听信谗言，改变了态度。孔子恐遭祸害，便躲藏起来，又悄悄离开了卫国。

⑰穷于商周：孔子去陈国，途经匡。匡人曾遭受鲁国阳虎的暴凌，见孔子貌似阳虎，便误将他抓住，囚禁了五天。穷，这里指困厄。商周，古地名，即今河南商丘一带的商朝旧地。这里专指"匡"。

⑱围于陈、蔡：孔子应聘游楚。陈、蔡两国大夫一道出兵把孔子围困在陈、蔡之间的野地里。

⑲受屈于季氏：孔子曾经担任季氏手下管理牲畜的小官，所以说"委屈"。

⑳见辱于阳虎：阳虎，一作"阳货"，春秋后期季孙氏的家臣，要挟季氏，掌握国政，权势很大。季氏曾经设宴招待鲁国士人。孔子前去，被阳虎挡驾，说："季氏飨士，非敢飨子也。"所以说孔子"见辱于阳虎"。

㉑株块：泛指土木。

㉒距：通"拒"，抗拒。

【译文】

杨朱说："天下的美誉都归于虞舜、夏禹、周公、孔子，天下的恶名都归之于夏桀、商纣。可是舜在河阳耕种，在雷泽制陶，手足得不到片刻的安闲，嘴巴肚子也得不到丰盛的美食；父母不喜爱他，弟弟妹妹不亲近他。到了三十岁，不禀告父母就自娶妻室。等到接受尧的禅让登上帝位，年纪也大了，智力也衰退了。他儿子商钧没有治国之才，他只得再禅位于大禹，忧忧戚戚直到死去：这真是天底下受苦受难最多的人。鲧治理洪水，方法不当没有成功，被舜杀死在羽山。大禹继承了父亲的事业，事奉着杀父仇人，一心治理洪水，儿子出生了不去关爱，三过家门而不入；以至于弄得自己半身瘫痪，手上脚上都长满老茧。等到接受舜的禅让登上帝位，为了俭省而住在低矮的宫室，祭祀时却华服美冠，忧忧戚戚直到死去：这真是天底下忧愁痛苦最多的人。周武王死后，成王尚且年幼弱小，周公旦代行天子的政令。邵公对此不满，四处传播着对他不利的流言蜚语。周公因此东征三年，诛杀哥哥管叔鲜，放逐弟弟蔡叔度，才保全自身免受其害，忧忧戚戚直到死去：这真是天底下担忧恐惧最多的人。孔子深谙帝王之道，受到当时多个诸侯国君的聘请，但却在宋国遭到大司马桓魋砍断大树的威胁，被驱逐出国；在卫国遭到别人造谣中伤，只得销声匿迹；在商周地方被囚禁，在陈、蔡之间受围困，在季孙氏手下受委屈，还遭到季孙氏家臣阳货的羞辱，忧忧戚戚直到死去：这真是天底下最为凄惶窘迫的人。所有这四位圣贤，生前没享受过一天的欢乐，死后却获得了万世的荣耀。所谓名声，本来就不是实际所需要的。死了以后，纵然得到称赞，也不会察觉；纵然获得奖赏，也不会知晓，和草木土块没什么两样。桀凭借着祖宗基业，高居帝王之位，他的才智足以抗衡群臣，他的声威足以震慑海内；恣意享受感官娱乐，费劲心思为所欲为，欢欢喜喜直到死去：这真是天底下最舒适放荡的人。纣也凭借着祖宗基业，高居帝王之位；他威严的法令没有不实施的，他的意志没有不服从的；在深宫后庭肆意地寻欢作乐，在漫漫长夜无休止地放纵情欲；他不拿礼义来为难自己，欢欢喜喜直到死去：这真是天底下最任性纵情的人。这两个凶徒，生前享尽纵欲的欢乐，死后背负起愚蠢残暴的恶名。所谓实际，本来就不是名声所能给予的。死了以后，纵然遭到诋毁，也不会察觉；纵然受到称誉，也不会知晓，这和草木土块又有什么两样。那四位圣贤虽然集天下美誉于一身，但却艰难苦恨一辈子，最后一样面临死亡的结局。那两个凶徒虽然集天下恶名于一身，但却快活一辈子，最后也一样面临死亡的结局。”

杨朱见梁王[1]，言治天下如运诸掌。

梁王曰:“先生有一妻一妾而不能治,三亩之园而不能芸[2];而言治天下如运诸掌,何也?”

对曰:“君见其牧羊者乎?百羊而群,使五尺童子荷箠而随之[3],欲东而东,欲西而西。使尧牵一羊,舜荷箠而随之,则不能前矣。且臣闻之:吞舟之鱼不游枝流[4];鸿鹄高飞,不集洿池[5]。何则?其极远也。黄钟大吕不可从烦奏之舞[6],何则?其音疏也。将治大者不治细,成大功者不成小,此之谓矣。”

【注释】

①梁王:梁惠王,战国时魏国国君。

②芸:通“耘”,除草。

③箠(chuí):鞭子。

④枝流:即支流。指小河。

⑤洿(wā)池:水停积不流的池塘。

⑥黄钟大吕:中国古代乐律名称,为十二律中的第一、第二律。这里代表庄严肃穆的庙堂音乐。

【译文】

杨朱晋见梁惠王,称自己治理天下就像在手掌上翻转东西那么容易。

梁惠王说:“先生您有一妻一妾尚且不能管治好,三亩大的园子尚且不能耕耘好;却号称治理天下就像在手掌上翻转东西那么容易,这是为什么?”

杨朱答道:“大王您见过别人牧羊么?百来头羊汇成一群,让一个五尺高的孩童提着鞭子跟随在羊群后面,要它们往东就往东,要它们往西就往西。如果让尧牵着一头羊,再让舜提着鞭子跟随在羊后面,就没办法顺利前行了。而且我听说：吞得下舟船的大鱼，不在小河里游弋；高飞于苍天的鸿鹄，不在水塘边栖集。为什么呢？因为它们的志向极其高远。黄钟大吕不能为节奏繁促的舞蹈伴奏。什么缘故呢？因为它们的音调低沉而舒缓。将要治理大事务的人不处理小事情，成就大功业的人不建立小事业，说的就是这个道理啊！”

杨朱曰：“太古之事灭矣，孰志之哉？三皇之事若存若亡，五帝之事若觉若梦，三王之事或隐或显，亿不识一。当身之事或闻或见，万不识一。目前之事或存或废，千不识一。太古至于今日，年数固不可胜纪。但伏羲已来三十馀万岁，贤愚、好丑，成败、是非，无不消灭；但迟速之间耳。矜一时之毁誉①，以焦苦其神形，要死后数百年中馀名②，岂足润枯骨？何生之乐哉？”

【注释】

①矜：顾惜，慎重。

②要：追求。

【译文】

杨朱说：“远古的事情早已湮灭，谁还记得呢？三皇时代的事，仿佛存在又仿佛消亡，五帝时代的事，如同清醒又如同梦幻，三王时代的事或者隐没或者彰显，亿万桩事中未必能识别其一。当代的事有些听闻也有些见识，一万桩事中却未必能识别其一。眼前的事有的仍然存在有的却已废弃，千百桩事中未必能识别其一。从远古到今日，年数本已无法计算清楚。仅仅从伏羲氏到现在已经历了三十多万年，贤明的、愚蠢的，美好的、丑陋的，成功的、失败的，正确的、错误的，无不消亡湮灭；只不过或迟或早而已。挂念一时的荣誉毁谤，使身心陷于焦灼苦楚，以追求死后数百年间能够留下名声，名声又如何足以滋润枯朽的尸骨？这样活着又有什么乐趣呢？”

杨朱曰：“人肖天地之类，怀五常之性[1]，有生之最灵者也。人者，爪牙不足以供守卫，肌肤不足以自捍御，趋走不足以从利逃害，无毛羽以御寒暑，必将资物以为养，任智而不恃力。故智之所贵，存我为贵；力之所贱，侵物为贱。然身非我有也，既生，不得不全之；物非我有也，既有，不得而去之。身固生之主，物亦养之主。虽全生，不可有其身；虽不去物，不可有其物。有其物，有其身，是横私天下之身，横私天下之物。不横私天下之身，不横私天下物者，其唯圣人乎！公天下之身，公天下之物，其唯至人矣！此之谓至至者也。”

【注释】

①五常：这里指与自然界的五行金、木、水、火、土相对应的人的五种德性，即仁、义、礼、智、信。

【译文】

杨朱说：“人就像天地一样具备阴阳之分，怀有五常之性，是所有生命中最有灵性的种类。人，指甲和牙齿不足以用来守护保卫自身，肌肉和皮肤不足以用来捍卫抵抗外侵，奔跑疾走不足以趋利避害，也没有皮毛羽翼来抵御严寒酷暑，所以必定要依靠外物来供养自身，运用智慧而不依凭蛮力。因此，智慧之所以高贵，就在于它能使我们保全自身；力气之所以卑贱，就在于它会使我们侵害外物。然而身体并不归我们自己所有，但出生了，就不得不保全它；外物也不归我们所有，但拥有了，就不能随便抛弃它。身体固然是生命的主体，外物也应当算作养护生命的主体。虽说要保全生命，却不能因此占有身体；虽说不要舍弃外物，却也不能因此占有外物。占有外物，占有身体，是强行独占本属于天下的身体，是强行独占本属于天下的外物。不强行独占本属于天下的身体，不强行独占本属于天下的外物，大概只有圣人才能做到吧！将本属于天下的身体还归公有，将本属于天下的外物还归公有，大概只有圣人才能做到吧！这就叫做达到至人的最高境界了。”

杨朱曰：“生民之不得休息，为四事故：一为寿，二为名，三为位，四为货。有此四者，畏鬼，畏人，畏威，畏刑：此谓之遁民也[①]。可杀可活，制命在外。不逆命，何羡寿？不矜贵，何羡名？不要势，何羡位？不贪富，何羡货？此之谓顺民也[②]。天下无对[③]，制命在内。故语有之曰：‘人不婚宦，情欲失半；人不衣食，君臣道息。’周谚曰：‘田父可坐杀。’晨出夜入，自以性之恒；啜菽茹藿[④]，自以味之极；肌肉粗厚，筋节腃急[⑤]，一朝处以柔毛绨幕[⑥]，荐以粱肉兰橘，心痟体烦[⑦]，内热生病矣。商鲁之君与田父侔地[⑧]，则亦不盈一时而惫矣。故野人之所安[⑨]，野人之所美，谓天下无过者。昔者宋国有田夫，常衣缊黂[⑩]，仅以过冬。暨春东作[⑪]，自曝于日，不知天下之有广厦隩室[⑫]，绵纩狐貉[⑬]。顾谓其妻曰：‘负日之暄[⑭]，人莫知者；以献吾君，将有重赏。’里之富室告之曰：‘昔人有美戎菽，甘枲茎芹萍子者[⑮]，对乡豪称之。乡豪取而尝之，蜇于口[⑯]，惨于腹[⑰]，众哂而怨之[⑱]，其人大惭。子，此类也。’”

【注释】

①遁民：违背自然本性的人。

②顺民：顺从自然本性的人。

③对：对手，敌手。

④啜(chuò)：饮，吃。菽(shū)：本谓大豆，引申为豆类的总称。茹：吃。藿：豆叶。

⑤腃(quán)急：蜷曲紧张。

⑥绨(tí)：古代丝织物名，质地较厚。

⑦痟(yuān)：忧郁。

⑧侔(móu)：齐等，同样。

⑨野人：古代对在外从事农耕者的称呼。

⑩缊黂(yùn fén)：用乱麻作絮的冬衣。

⑪东作：春耕。

⑫隩：通"燠"(yù)，暖，热。

⑬纩(kuàng)：丝绵。

⑭暄(xuān)：暖和。

⑮枲(xǐ)：麻。芹萍子：即"苹"，又叫"藾蒿"，嫩苗可食。

⑯蜇：刺。

⑰惨：剧痛。

⑱哂(shěn)：讥笑。

【译文】

杨朱说："人们之所以得不到休息，是为了四件事的缘故：一是为长寿，二是为名誉，三是为地位，四是为财货。有这四件事，就会怕鬼、怕人、怕权势、怕刑罚：这就叫做违背自然本性的人。或死或生，他们的命运受着外界的支配。不违逆天命，何必羡慕长寿？不看重显贵，何必羡慕声名？不追求权势，何必羡慕地位？不贪图富贵，何必羡慕财富？这就叫做顺从自然本性的人。他们天下无敌，命运完全由自己控制。所以有这么一句话说是：‘人不结婚和做官，七情六欲会减半；人不穿衣和吃饭，君臣之道从此断。’周代谚语说：‘闲坐闷煞老农夫。’农夫们早出晚归，自以为是人之常情；喝豆粥、嚼豆叶，自以为是美味极品；皮肤粗糙，肌肉厚实，青筋饱绽，骨节突出，一旦让他们盖上柔软的毛皮，躺进丝绸的帐幕，再进献以精美的饭菜，香甜的水果，反而会心烦意乱，内热生病。让宋国、鲁国的君王去和农夫们一样耕地，用不着一时三刻就疲惫不堪了。所以山野农夫安身的住所，山野农夫喜好的事物，自以为天下再不会有更好的了。从前宋国有个农夫，常穿着乱麻破絮，勉强过冬。开春以后，他下地耕作，自个儿在日头底下曝晒，不知道天底下还有高楼大厦暖屋深室，丝绸棉衣狐皮貉裘。他回过头对妻子说：‘晒太阳来取暖的法子，别人没一个知道；我把它进献给国君，准保能得到重赏。’同乡的一户富裕人家告诉他说：‘过去有个人，自以为大豆、麻茎、蒿苗是天底下最香甜的美味，就对乡里的富豪啧啧称道。乡里的富豪拿来一尝，嘴巴被刺了，肚子也痛了，大家就一面讥笑、一面埋怨那个人，那人于是十分羞愧。你呀，就是这种人。’”

杨朱曰：“丰屋美服，厚味姣色，有此四者，何求于外？有此而求外者，无厌之性。无厌之性，阴阳之蠹也[①]。忠不足以安君，适足以危身；义不足以利物，适足以害生。安上不由于忠，而忠名灭焉；利物不由于义，而义名绝焉。君臣皆安，物我兼利，古之道也。鬻子曰：‘去名者无忧。’老子曰：‘名者实之宾[②]。’而悠悠者趋名不已。名固不可去？名固不可宾邪？今有名则尊荣，亡名则卑辱。尊荣则逸乐，卑辱则忧苦。忧苦，犯性者也；逸乐，顺性者也。斯实之所系矣。名胡可去？名胡可宾？但恶夫守名而累实。守名而累实，将恤危亡之不救，岂徒逸乐忧苦之间哉？”

【注释】

①阴阳之蠹(dù):自然界的害物。蠹,蛀虫。引申以喻世间祸害。

②名者实之宾:此语不见《老子》,当出自《庄子·逍遥游》。

【译文】

杨朱说:“高大的房屋,华丽的服饰,丰盛的美食,姣好的女色,有这四样东西,还向外寻求什么呢?有了这些再去向外追求的人,实在是本性贪得无厌。贪得无厌的本性,是天地间的祸害。忠诚不足以保卫君王的安宁,却恰恰足以危害自身;仁义不足以使外物得利,却恰恰足以贻害生命。保卫国君不是依靠忠诚,那么忠诚的名声就消亡了;施惠外物不是依靠仁义,那么仁义的名声就灭绝了。君主与臣下都得到了安宁,外物与自身都收获了利益,这是古代的做法。鬻子说:‘摒弃名声的人没有忧愁。’老子说:‘名声是实体的附庸。’然而芸芸众生始终都在不懈地追求名声。名声本就不可抛弃么?名声本就不可当作附庸么?如今是有名声就尊贵显要,没名声就卑下屈辱。尊贵显要,就能安逸享乐;卑下屈辱,就要忧愁困苦。忧愁困苦,违背了人的天性;安逸享乐,顺从着人的天性。照这样,那名声倒是实体所倚赖的了。名声怎么可以抛弃?名声又怎能当作附庸?只是厌弃那些死守名声而损害实体的做法罢了。死守着名声以至于危害到实体,未来就要忧虑世事的危险败亡、无可挽救,这难道仅仅是安逸享乐和忧愁困苦之间的事吗?”

说　符

【题解】

《列子》全书，始以《天瑞》，终以《说符》，首尾呼应，自成一体。古时以所谓天降“符瑞”，附会与人事相应，叫做“符应”。“符”，有符信、符验的含义。“说符”，即谓“道”与人事的相互应验。全文通过三十馀则寓言和说理，对“道”与“智”、“名”与“实”、“形”与“神”、“贵”与“贱”、“时机”与“变通”、“久利”与“暂得”、“持身”与“治国”等多对关系进行了各个角度的论述。

世事无常，祸福相倚，因此作者认为，为人处世应当做到“持后而处先”，对于事物的存亡变幻，也应当透过其表面来“察其所以然”。一方面要“恃道化而不恃智巧”，全身远害，避免重演郄雍的悲剧；一方面也要拥有“投隙抵时，应事无方”的智慧，领会“先迕后合”的圣人之言，进而懂得各种看似无关的现象背后实际上存在着积来已久的缘由。然而世人多纵欲迷性，重利轻道，贪图一时所获，不念长久之积，所以才会闹出“宋人拾契”、“齐人攫金”那样的笑话。唯有舍末明本，“归同反一”，因名求实，得其精而弃其粗，才能一睹天道与人事之间的绝妙天机。

子列子学于壶丘子林。壶丘子林曰：“子知持后，则可言持身矣。”

列子曰："愿闻持后。"

曰："顾若影，则知之。"

列子顾而观影：形枉则影曲[①]，形直则影正。然则枉直随形而不在影，屈申任物而不在我，此之谓持后而处先。

关尹谓子列子曰："言美则响美，言恶则响恶；身长则影长，身短则影短。名也者，响也；身也者，影也。故曰：慎尔言，将有和之；慎尔行，将有随之。是故圣人见出以知入，观往以知来，此其所以先知之理也。度在身[②]，稽在人[③]。人爱我，我必爱之；人恶我，我必恶之。汤武爱天下，故王；桀、纣恶天下，故亡，此所稽也。稽度皆明而不道也，譬之出不由门，行不从径也。以是求利，不亦难乎？尝观之神农、有炎之德，稽之虞、夏、商、周之书，度诸法士贤人之言[④]，所以存亡废兴而非由此道者，未之有也。"

严恢曰[⑤]："所为问道者为富。今得珠亦富矣，安用道？"

子列子曰："桀纣唯重利而轻道，是以亡。幸哉余未汝语也。人而无义，唯食而已，是鸡狗也。强食靡角[⑥]，胜者为制，是禽兽也。为鸡狗禽兽矣，而欲人之尊己，不可得也。人不尊己，则危辱及之矣。"

【注释】

①枉：弯曲，不正。

②度：法度，标准。

③稽：考核。

④度(duó)：测量。

⑤严恢：其人无考，可能为作者假托。

⑥强食靡角:为争食而互相角斗。强,这里指使用强力。靡,摩擦。

【译文】

列子向壶丘子林学道。壶丘子林说:“你只有懂得保持谦退后让,才可以谈修身的道理。”

列子说:“愿意听听保持谦退的道理。”

壶丘子林说:“回头看看你的影子,就知道了。”

列子回过头去观察自己的影子:身体弯曲影子就跟着弯曲,身体端直影子就跟着端直。然而影子的端正曲直取决于形躯动作而不取决于它本身,人们处世境遇的窘迫顺利取决于外物而不取决于自我,这就叫做保持谦退才能获得领先。

关尹对列子说:“言辞美妙,回音就动人,言辞粗鄙,回音就难听;身体修长,影子就修长,身体短小,影子就短小。名声好比是回音;举止相当于身影。所以说:小心你的言论,将会有人应和;谨慎你的举止,将会有人跟从。因此圣人听见言论便能知道回响,观察历史便能预知未来,这就是圣人先知先觉的道理。掌握法度在于自身,验证的效果则在于他人。别人喜爱我,我必定也喜爱他;别人厌恶我,我必定也厌恶他。成汤、周武热爱天下,所以成王;夏桀、商纣嫌恶天下,所以亡国,这就是历史的验证。外在的验证与自身的法度都已明确,行事却不去遵循,就好比外出不经过大门,走路不沿着道路一样。这样去追求利益,不是很困难么?我曾经考察神农氏与炎帝的德行,验证虞、夏、商、周的典籍,思量崇法之士贤明之人的言论,发现不遵循这条规律的生存、灭亡、废弃、兴盛,从来也没有过。”

严恢说:“学道是为了富有。现在获得珠宝也能够富有,何必再用道?”

列子说:“夏桀、商纣只看重利益而轻视道,所以身死而国亡。幸好我还没对你说什么呢。生而为人却无情无义,只知道填饱肚子,简直就是鸡狗。为了争食而互相角斗,胜利的一方控制一切,也不过是禽兽罢了。干的是鸡狗禽兽的勾当，却要别人来尊重自己，根本不可能。人们都不尊重自己，那么危难和耻辱就要到来了。”

列子学射中矣[1]，请于关尹子。

尹子曰：“子知子之所以中者乎？”

对曰：“弗知也。”

关尹子曰：“未可。”

退而习之。三年，又以报关尹子。

尹子曰：“子知子之所以中乎？”

列子曰：“知之矣。”

关尹子曰：“可矣，守而勿失也。非独射也，为国与身亦皆如之。故圣人不察存亡而察其所以然。”

【注释】

①中：指射箭命中靶心。

【译文】

列子学习射箭射中了靶心，便请关尹子指点。

关尹子问：“你知道你为什么能射中靶心吗？”

列子答道：“不知道。”

关尹子说：“那你的射技还不行。”

列子回去后反复练习。过了三年，又去向关尹子汇报。

关尹子问：“你知道你为什么能射中靶心了吗？”

列子说：“知道了。”

关尹子说：“这回行了，保持这种技巧，不要遗忘了。不仅是射箭，治国与修身也是这个道理。所以圣人不考究存亡兴废的表面现象，而是着重研究造成这种种现象的内在原因。”

列子曰："色盛者骄，力盛者奋，未可以语道也。故不班白语道[1]，失，而况行之乎？故自奋则人莫之告。人莫之告，则孤而无辅矣。贤者任人，故年老而不衰，智尽而不乱。故治国之难在于知贤而不在自贤。"

【注释】

①班白：同"斑白"，头发花白，谓年老。

【译文】

列子说："血气方刚的人容易骄傲，体力充沛的人容易逞强，没法和他们谈论大道。所以头发尚未斑白的人来谈论道，必定有所违失，更何况去实行道呢？所以谁若是逞强，就没有人来劝告他。没有人来劝告，就会变得孤立无援。贤明的人善于任用他人，所以即便上了年纪，治事的能力也不会衰退，即便智力用尽，思想也不会混乱。所以治理国家难就难在知贤善任，而不是自认贤明。"

宋人有为其君以玉为楮叶者[1]，三年而成。锋杀茎柯[2]，毫芒繁泽[3]，乱之楮叶中而不可别也[4]。此人遂以巧食宋国。

子列子闻之，曰："使天地之生物，三年而成一叶，则物之有叶者寡矣。故圣人恃道化而不恃智巧。"

【注释】

①楮(chǔ)：即构树。

②锋杀：亦作"丰杀"，指树叶的肥大瘦小。柯：树木的枝茎。

③毫芒：细毛。

④乱：随意放置。

【译文】

宋国有一个人，用玉石来为他的国君雕刻楮树叶，经过三年才完成。茎脉和叶柄肥瘦得当，叶片上细毛密布，光泽盈润，就是放置在真的楮树叶里也难以分辨。于是这个人就凭着雕刻技术获得了宋国的俸禄。

列子听闻此事，说："假使天地生养万物，三年才长出一片叶子，那么万物之中有叶子的树木就很少了。所以圣人凭借大道来推行教化，而不倚仗个人的智慧与技巧。"

子列子穷，容貌有饥色。客有言之郑子阳者曰[①]："列御寇盖有道之士也，居君之国而穷，君无乃为不好士乎？"郑子阳即令官遗之粟。子列子出见使者，再拜而辞。使者去。

子列子入，其妻望之而拊心曰[②]："妾闻为有道者之妻子皆得佚乐[③]，今有饥色，君过而遗先生食[④]。先生不受，岂不命也哉？"

子列子笑谓之曰："君非自知我也。以人之言而遗我粟，至其罪我也，又且以人之言，此吾所以不受也。"

其卒[⑤]，民果作难而杀子阳[⑥]。

【注释】

①子阳：郑国国相。

②拊（fǔ）：拍，击。

③佚乐：即逸乐，安逸快乐。

④过：探望。遗（wèi）：赠予。

⑤其卒：后来，终于。

⑥民果作难而杀子阳：事见《史记·郑世家》："繻公二十五年，郑君

杀其相子阳。”《吕览·适威》:“子阳好严,有过而折弓者,恐必死,遂应猘狗而弑子阳。”

【译文】

列子穷困,面带饥色。有门客对郑国国相子阳说:“列御寇是有道德的人才,在您的国家中却受穷挨饿,您难不成不爱惜人才吗?”子阳听了,当即派遣官员去给列子送粮食。列子出门会见了使者,拜了又拜,谢绝了赠予的粮食。使者便走了。

列子进屋,他的妻子怨恨地望着他,捶着胸口说:“我听说做有道之士的妻子儿女,都能过上安逸快乐的日子,现在穷得面黄肌瘦,国相派人探望,还送给先生粮食。先生不接受,难不成是命里注定要挨饿吗?”

列子笑着对她说:“国相并非自己了解我,而是听信了别人的话来赠送粮食给我,等到他要加罪于我,又会凭着别人的话语,这就是我不接受粮食的缘由啊。”

后来,郑国民众果然发动叛乱杀死了子阳。

鲁施氏有二子,其一好学,其一好兵。好学者以术干齐侯①,齐侯纳之,以为诸公子之傅②。好兵者之楚,以法干楚王;王悦之,以为军正③。禄富其家,爵荣其亲。

施氏之邻人孟氏同有二子,所业亦同,而窘于贫。羡施氏之有,因从请进趋之方。二子以实告孟氏。

孟氏之一子之秦,以术干秦王。秦王曰:“当今诸侯力争,所务兵食而已。若用仁义治吾国,是灭亡之道。”遂宫而放之④。

其一子之卫,以法干卫侯。卫侯曰:“吾弱国也,而摄乎大国之间⑤。大国吾事之,小国吾抚之,是求安之道。若赖兵权,灭亡可待矣。若全而归之,适于他国,为吾之患不轻矣。”遂刖之[6]，而还诸鲁。

既反，孟氏之父子叩胸而让施氏[7]。施氏曰：“凡得时者昌，失时者亡。子道与吾同，而功与吾异，失时者也，非行之谬也。且天下理无常是，事无常非。先日所用，今或弃之；今之所弃，后或用之。此用与不用，无定是非也。投隙抵时[8]，应事无方，属乎智。智苟不足，使若博如孔丘，术如吕尚，焉往而不穷哉？”

孟氏父子舍然无愠容[9]，曰：“吾知之矣。子勿重言！”

【注释】

①干：谋取。

②傅：老师。

③军正：主管军务的官。

④宫：又称“腐刑”，即阉割生殖器，为古代酷刑之一。

⑤摄：收敛，夹迫。

⑥刖(yuè)：断足，为古代酷刑之一。

⑦让：责怪。

⑧投隙：钻空子。抵时：行动及时。

⑨舍(shì)然：即释然。舍，通“释”。愠(yùn)容：怨恨的神色。

【译文】

鲁国的施家有两个儿子，一个爱好儒学，一个爱好兵法。爱好儒学的用儒术去齐侯那儿谋求任用，齐侯接纳了他，让他担任公子们的老师。爱好兵法的到了楚国，用兵法向楚王求取职位；楚王十分赏识他，让他担任了军队的长官。他们的俸禄使全家富足，他们的爵位让亲戚们感到荣耀。

施家的邻居孟家也有两个儿子，学的和施家儿子相同，却陷在贫穷的窘境。他们羡慕施家的富有,便去施家请教谋求功名利禄的方法。施家的两个儿子把实际情况告诉了孟家父子。

孟家的一个儿子便到秦国去,用儒学向秦王求取任用。秦王说:“如今各国诸侯以武力来争夺天下,当务之急是预备兵马粮草。如果用仁义道德来治理我国,必定是一条自取灭亡的道路。”于是将他处以宫刑后驱逐出境。

孟家的另一个儿子到了卫国,用兵法去游说卫侯。卫侯说::“我们是一个弱国,夹在几个大国之间勉强生存。强大的国家我们得事奉它,弱小的国家我们得安抚它,这才是谋求安定的方法。若是倚赖军事策略,那么亡国便指日可待了。要是让你全身而退,到了其他国家,一定会对我国造成严重的祸害。”于是将他处以刖刑后放回鲁国。

回家后,孟家父子捶胸顿足地跑去指责施家。施家父子说:“凡是顺应时机的就昌盛,违逆时势的就败亡。你们所学的和我们一样,功效却和我们不同,这是违逆时势的缘故,并非你们的做法有什么错谬。况且天底下没有永远正确的道理,也没有永远错误的事情。先前采纳的,现在或许被废弃了;现在废弃的,将来或许还会被采纳。这里头的用或者不用,并没有一定的是非对错。迎合时机,抓住机遇,应对事变,不拘成法,才是智慧的表现。如果智慧不足,就算你像孔子那么博学多才,像姜太公那么善用兵法,到哪儿去会不穷困潦倒呢?”

孟家父子就此释然,脸上不再有怨恨恼怒的神色,并说:“我们懂了。您不用再说了!”

晋文公出会[①],欲伐卫,公子锄仰天而笑。公问何笑。曰:“臣笑邻之人有送其妻适私家者[②],道见桑妇,悦而与言。然顾视其妻,亦有招之者矣。臣窃笑此也。”公寤其言[③],乃止。引师而还,未至,而有伐其北鄙者矣。

【注释】

①晋文公：春秋时晋国国君，名重耳。曾在践土大会诸侯，成为霸主。出会：与诸侯会师打仗。

②私家：指已出嫁的姐妹家。

③寤：领悟。

【译文】

晋文公出兵会师，想讨伐卫国，公子锄在一旁仰天而笑。晋文公问他笑什么。公子锄说："我笑我的一位邻居送他妻子去走亲戚，路上遇见一个采桑的女子，心生好感便与她攀谈。然而回头看自己的妻子，也有别的男子在那儿招引她了。我暗笑的就是这件事。"晋文公领悟了他话中的寓意，于是停止出兵讨伐。他领着部队回国，还没有抵达，就有他国来侵犯晋国的北部边境了。

晋国苦盗。有郄雍者①，能视盗之貌，察其眉睫之间，而得其情。晋侯使视盗，千百无遗一焉。

晋侯大喜，告赵文子曰②："吾得一人，而一国盗为尽矣，奚用多为？"

文子曰："吾君恃伺察而得盗，盗不尽矣，且郄雍必不得其死焉。"

俄而群盗谋曰："吾所穷者，郄雍也。"遂共盗而残之③。

晋侯闻而大骇，立召文子而告之曰："果如子言，郄雍死矣！然取盗何方？"

文子曰："周谚有言：察见渊鱼者不祥，智料隐匿者有殃。且君欲无盗，莫若举贤而任之；使教明于上，化行于下，民有耻心，则何盗之为？"

于是用随会知政④，而群盗奔秦焉。

【注释】

①郄(xì)雍:人名。

②文子:人名,姓辛,名钘,为老子弟子,与孔子同时。

③残:杀害。

④随会:人名。知政:主持政务。

【译文】

晋国苦于盗贼为患。有个叫郄雍的人,能够审视盗贼的相貌,只要观察他们的眉目神情,就能判别实情。晋侯派他去识别盗贼,千百个当中没一个遗漏的。

晋侯大为高兴,告诉赵国的文子说:“我得到一个人,全国的盗贼就被捉光了,还要那么多捕盗的人干什么呢?”

文子说:“您依靠窥伺观察来捉拿盗贼,看来盗贼是捉不完了,而且郄雍一定不得好死。”

过了不久,盗贼们聚在一起,商量着说:“我们之所以走投无路,都是因为郄雍啊。”于是盗贼们合伙杀死了郄雍。

晋侯听说以后大为惊骇,立刻召见文子,并对他说:“果真像你说的那样,郄雍死了!然而往后还怎么捉拿盗贼呢?”

文子说:“周代谚语说道:眼力能察见深渊里游鱼的人不吉祥,智慧能预料藏匿之事的人有灾殃。国君您想要消灭盗贼,不如任用举荐的贤才;在上,政教昌明;在下,教化风行,民众有了羞耻之心,还会做什么盗贼吗?”

于是晋侯任用随会来主持政务,盗贼们便纷纷逃到秦国去了。

孔子自卫反鲁,息驾乎河梁而观焉。有悬水三十仞,圜流九十里[①],鱼鳖弗能游,鼋鼍弗能居,有一丈夫方将厉之[②]。孔子使人并涯止之[③],曰:“此悬水三十仞,圜流九十里,鱼鳖弗能游,鼋鼍弗能居也。意者难可以济乎?”丈夫不以错意[4]，遂度而出[5]。

孔子问之曰："巧乎？有道术乎？所以能入而出者，何也？"

丈夫对曰："始吾之入也，先以忠信；及吾之出也，又从以忠信。忠信错吾躯于波流，而吾不敢用私，所以能入而复出者，以此也。"

孔子谓弟子曰："二三子识之！水且犹可以忠信诚身亲之，而况人乎？"

【注释】

①圜(huán)流：有漩涡的水流。

②厉：涉水。

③并涯：顺着河岸。

④不以错意：不在意。错，通"措"。

⑤度：通"渡"。

【译文】

孔子从卫国返回鲁国，在河梁上歇下马车，眺望景色。只见瀑布从三十仞的高处泻下，激起的漩涡急流有九十里，鱼和鳖不能在其中游动，鼋鼍不能在其中停留，却有一个男子正要涉水泅渡。孔子忙派人沿着河岸过去阻止他，说："这瀑布高达三十仞，激流长达九十里，鱼鳖不能在这里游动，鼋鼍不能在这里停留。想来是难以渡过的吧？"那男子不以为意，便渡过河上了岸。

孔子问他道："你是靠技巧吗？你有道术吗？你这样在水中进进出出，是什么原因呢？"

那男子答道："一开始我跃入水中，就抱着忠诚的信念；等到我从水里浮起，依然怀着忠诚的信念。忠诚的信念将我安置在汹涌的波涛中，而我不敢怀有任何私心杂念，我之所以能够跃入水中又轻易浮起，就是这个道理。”

孔子对他的弟子们说：“你们给我记住了！连水都可以用忠心诚心去亲近它，何况是人呢？”

白公问孔子曰①：“人可与微言乎②？”

孔子不应。

白公问曰：“若以石投水，何如？”

孔子曰：“吴之善没者能取之③。”

曰：“若以水投水，何如？”

孔子曰：“淄、渑之合④，易牙尝而知之⑤。”

白公曰：“人固不可与微言乎？”

孔子曰：“何为不可？唯知言之谓者乎！夫知言之谓者，不以言言也。争鱼者濡⑥，逐兽者趋，非乐之也。故至言去言，至为无为。夫浅知之所争者末矣。”

白公不得已⑦，遂死于浴室⑧。

【注释】

①白公：即白公胜，春秋时楚国大夫，名胜，号白公。楚惠王十年（前479），白公胜发动政变，杀令尹子西、司马子期，控制楚都。后被叶公子高击败，自缢而死。

②微言：秘密之言。这里指密谋。

③没者：潜水之人。

④淄（zī）、渑（shéng）：皆为古水名，在今山东境内。

⑤易牙：亦作“狄牙”。春秋时齐桓公近臣，名巫。长于调味，善逢迎，相传曾烹其子为羹以献齐桓公。

⑥濡(rú):沾湿。

⑦白公不得已:指白公没有领会孔子话里的意思,杀了令尹子西和司马子期。

⑧遂死于浴室:指白公谋反失败,被缢死在浴室中。

【译文】

白公问孔子道:“可以与别人密谋吗?”

孔子不搭理他。

白公问道:“如果把石头投到水里,会怎么样?”

孔子答道:“吴国善于潜水的人能够把它捞上来。”

白公又问:“如果把水倒进水里,又会怎么样?”

孔子答道:“淄水和渑水混合在一起,易牙只要尝尝就能分辨出来。”

白公再问:“难道一定不可以和别人密谋吗?”

孔子答道:“有什么不可以呢?只要领会言谈中的深意就可以了!所谓领会言谈中的深意,就是不用言语来表达。捉鱼的人会被水沾湿,追逐野兽的人要拼命奔跑,并非是他们乐意这么做。所以说最高妙的言论就是抛却言论,最高妙的行为就是无所作为。那些知识浅薄的人所争执的不过是细枝末节罢了。”

白公没能领会孔子话中的含义,依旧密谋造反,最终失败,被迫缢死在浴室里。

赵襄子使新穉穆子攻翟[①],胜之,取左人、中人[②];使遽人来谒之[③]。襄子方食而有忧色。左右曰:“一朝而两城下,此人之所喜也;今君有忧色。何也?”

襄子曰:“夫江河之大也,不过三日;飘风暴雨不终朝,日中不须臾。今赵氏之德行无所施于积,一朝而两城下,亡其及我哉!”

孔子闻之曰："赵氏其昌乎！夫忧者所以为昌也，喜者所以为亡也。胜非其难者也，持之，其难者也。贤主以此持胜，故其福及后世。齐、楚、吴、越皆尝胜矣，然卒取亡焉，不达乎持胜也。唯有道之主为能持胜。"

孔子之劲能拓国门之关④，而不肯以力闻。墨子为守攻，公输般服⑤，而不肯以兵知。故善持胜者以强为弱。

【注释】

①赵襄子：即赵无恤，春秋末晋国大夫，赵鞅之子。新穉(zhì)穆子：人名，又叫"新穉狗"，赵襄子家臣。穉，"稚"的异体字。翟：同"狄"，古族名。春秋时，活动于齐、鲁、晋、卫、宋、邢等国之间。

②左人、中人：古城名，在今河北唐县西北。

③遽(jù)人：传送公文的人。

④拓：举起。关：门闩。

⑤公输般：即鲁班，春秋时鲁国人。曾为楚国制造登城云梯以攻宋，墨子亲往劝阻。

【译文】

赵襄子派遣新穉穆子攻打翟人部族，取得胜利，占下左人、中人两座城池；新穉穆子派信使来向赵襄子报捷。赵襄子正在用餐，听了捷报，流露出忧虑的神色。左右近臣问道："一天就攻下两座城池，这是让人高兴的事；现在您却面带忧色。为什么呢？"

襄子说："江河潮水大，不会过三天；暴风骤雨烈，不能一整天，太阳当空照，片刻就倾斜。到如今赵家的德行还没什么积累，却一天之内连克两城，危亡的命运恐怕就要降临到我头上啦！"

孔子听闻此事，说道："赵氏恐怕要昌盛起来啦！忧虑会带来未来的昌盛，喜悦会导致今后的灭亡。取得胜利并不是一桩难事，保持胜果，才是最困难的。贤明的君主用这个道理来保持胜果，所以他们的福泽可以延及后代。齐国、楚国、吴国、越国都曾经获得胜利，然而最终也都走向灭亡，就是因为不懂得保持胜利的道理。只有明白这道理的君主才能够维护胜果。”

孔子的力气能够举起国都城门上的门闩，但他不愿意靠力气出名。墨子为宋国制订攻防策略，公输般为之心悦诚服，但他不愿意凭借兵术出名。所以说善于保持胜利的人总是把自己的强大视作弱小。

宋人有好行仁义者，三世不懈。家无故黑牛生白犊，以问孔子。

孔子曰：“此吉祥也，以荐上帝①。”

居一年，其父无故而盲。

其牛又复生白犊，其父又复令其子问孔子。

其子曰：“前问之而失明，又何问乎？”

父曰：“圣人之言先迕后合②。其事未究③，姑复问之。”其子又复问孔子。

孔子曰：“吉祥也。”复教以祭。

其子归致命④。其父曰：“行孔子之言也。”

居一年，其子又无故而盲。

其后楚攻宋，围其城；民易子而食之⑤，析骸而炊之⑥；丁壮者皆乘城而战，死者太半。此人以父子有疾皆免。及围解而疾俱复。

【注释】

①荐：进献祭品。

②忤(wǔ):违反。

③究:究竟,结果。

④致命:这里指传达孔子的意见。

⑤易子:交换孩子。

⑥析骸:拆分骨骸。

【译文】

宋国有个喜好施行仁义的人,三代相传毫无懈怠。一天他家黑牛无缘无故生出一头白色的小牛犊,便拿这事去问孔子。

孔子说:“这是吉祥的好事,可以把它进献给天帝。”

过了一年,这家的父亲无缘无故眼睛就瞎了。

后来那头牛又生了一头白色小牛犊,父亲又叫他儿子去问问孔子。

儿子说:“上回问了他,您眼睛就瞎了,再去问他干嘛?”

父亲说:“圣人的话语往往先与现实悖逆,后来才会应验。这事还没个究竟,姑且再去问问。”儿子便又去问了孔子。

孔子说:“这是吉祥的好事。”并且再教他把小白牛进献给天帝。

儿子回家转达了孔子的话。父亲说:“就按孔子的话去做吧。”

过了一年,儿子的眼睛又无缘无故瞎了。

后来,楚庄王攻打宋国,包围了宋国的国都;人们只得互相交换孩子来充饥,劈开尸骨当柴烧;成年男子都登上城墙守御作战,死者超过一大半。这户人家因为父亲儿子都是瞎子而幸免于难。等到包围解除,他们的眼睛就都痊愈复明了。

宋有兰子者[①],以技干宋元。宋元召而使见。其技以双枝,长倍其身,属其胫[②],并趋并驰,弄七剑迭而跃之,五剑常在空中。元君大惊,立赐金帛。

又有兰子又能燕戏者[③],闻之,复以干元君。元君大怒曰："昔有异技干寡人者，技无庸[4]，适值寡人有欢心，故赐金帛。彼必闻此而进复望吾赏。"拘而拟戮之，经月乃放。

【注释】

①兰子：以杂耍技艺走江湖的人。兰，通"阑"，妄。

②属：联接。跁：通"胫"，小腿。

③燕戏：类似于轻功的杂戏。

④庸：用。

【译文】

宋国有个走江湖的人，凭自己的杂技求见宋元君。宋元君便召他进来，并观看他的表演。他把两根比身体还长一倍的木棍绑在小腿上，疾走快跑，同时手中舞弄着七把剑，将它们轮流抛掷飞起，其中五把始终在空中上下翻腾。宋元君大为惊奇，当即赏赐他金银丝帛。

又有一个走江湖的人，会表演轻功，听说这件事，也去求见宋元君。宋元君勃然大怒，说道："上次有个人凭着奇异的杂技来求见我，其实他的技巧并没有什么实际用处，正巧碰上我心情好，所以赐给他金帛。这人一定是听说此事才来的，是期望得到我的赏赐吧。"于是把那人抓了起来预备处死，过了一个月才把他释放。

秦穆公谓伯乐曰[1]："子之年长矣，子姓有可使求马者乎[2]？"

伯乐对曰："良马可形容筋骨相也。天下之马者[3]，若灭若没，若亡若失，若此者绝尘弭𨄅[4]。臣之子皆下才也，可告以良马，不可告以天下之马也。臣有所与共担缰薪菜者[5]，有九方皋[6]，此其于马非臣之下也。请见之。"

穆公见之，使行求马。

三月而反报曰："已得之矣，在沙丘⑦。"

穆公曰："何马也？"

对曰："牝而黄⑧。"

使人往取之，牡而骊⑨。

穆公不说，召伯乐而谓之曰："败矣，子所使求马者！色物、牝牡尚弗能知，又何马之能知也？"

伯乐喟然太息曰："一至于此乎！是乃其所以千万臣而无数者也。若皋之所观天机也⑩，得其精而忘其粗，在其内而忘其外；见其所见，不见其所不见；视其所视，而遗其所不视。若皋之相者，乃有贵乎马者也。"

马至，果天下之马也。

【注释】

①秦穆公：春秋时秦国国君，姓嬴，名任好。伯乐：相传古之善相马者。

②子姓：子孙。

③天下之马：指天下无双的宝马。

④弭：消除。蹴：通"辙"，马蹄印。

⑤担缨（mò）：挑担子。缨，绳索。薪菜：拾柴。菜，通"采"，拾取。

⑥九方皋：一作"九方堙"，春秋时善于相马者。

⑦沙丘：古地名，在今河北境内。

⑧牝（pìn）：雌性。

⑨牡：雄性。骊：黑色。

⑩天机：天赋的品性。

【译文】

秦穆公对伯乐说："您的年纪大了，子孙中可有没有能派去访求良马的人呢?”

伯乐答道:“良马可以通过它的形体、外貌、筋节、骨骼来判断识别。至于天下无双的宝马则不然,它的神气迷离恍惚,似有似无,这样的马一旦飞快奔驰,四蹄似乎离开地面不沾尘土,车马过处也不留痕迹。我的子孙都是下等人才,只能教他们识别良马,没法教他们如何识别天下之马。我有一位一同挑担劈柴的朋友,名叫九方皋,他相马的本领不在我之下。请让我为您引见他。”

秦穆公召见了九方皋,让他去寻求天下之马。

三个月后,九方皋回来报告:“已经找到了,就在沙丘。”

秦穆公问:“什么样的马呢?”

九方皋答道:“是一匹黄色的母马。”

秦穆公派人去取马,却是一匹黑色的公马。

穆公很不高兴,召见伯乐并对他说:“真糟糕啊,你所推荐的那个相马人。连马的毛色、公母尚且分辨不清,又怎么能鉴别马的优劣呢?”

伯乐长叹一声道:“竟然达到这种境界了!这正是他比我高明何止千万倍的地方啊。像九方皋所观察的,是马的天机禀赋,他观察到马的精髓,也就忘记了表象;注重的是马的内在品性,也就忽略了外在皮毛;看到应当看的,不看不必看的;观察应当观察的,忽略不应当观察的。像九方皋这样的相马,还有着比宝马更可贵的地方。”

马送来了,果然是一匹天下无双的宝马。

楚庄王问詹何曰[①]:“治国奈何?”

詹何对曰:“臣明于治身而不明于治国也。”

楚庄王曰:“寡人得奉宗庙社稷,愿学所以守之。”

詹何对曰:“臣未尝闻身治而国乱者也,又未尝闻身乱而国治者也。故本在身,不敢对以末。”

楚王曰:"善。"

【注释】

①楚庄王:春秋时楚国国君。姓芈(mǐ),名旅。重用孙叔敖等,整顿内政,兴修水利,推行县治,增强兵力。詹何:战国时期思想家。

【译文】

楚庄王问詹何:"怎样治理国家?"

詹何答道:"我懂得修养自身,却不懂得如何治理国家。"

楚庄王说:"我得以供奉宗庙、掌管王权,希望能学到如何保持它的办法。"

詹何答道:"我不曾听说有人自身修养完善而国家混乱不堪的,也不曾听说过自身修养不好而国家治理得井井有条的。所以治国的根本在于自身,其他细枝末节我就不敢对您说什么了。"

楚庄王说:"好啊。"

狐丘丈人谓孙叔敖曰[①]:"人有三怨,子知之乎?"

孙叔敖曰:"何谓也?"

对曰:"爵高者,人妒之;官大者,主恶之;禄厚者,怨逮之[②]。"

孙叔敖曰:"吾爵益高,吾志益下[③];吾官益大,吾心益小[④];吾禄益厚,吾施益博。以是免于三怨,可乎?"

【注释】

①狐丘:古邑名。丈人:长老。孙叔敖:春秋时楚国人,楚庄王时任令尹。

②逮：及，到。

③下：谦恭，卑下。

④小：小心，谨慎。

【译文】

狐丘地方的长老对孙叔敖说："有三件事常会招人怨恨，您知道吗？"

孙叔敖问："是什么呢？"

狐丘长老答道："爵位高的，人们妒忌他；官衔大的，君主猜忌他；俸禄厚的，怨恨就会临头。"

孙叔敖说："我的爵位越高，我的为人越谦卑；我的官衔越大，我的内心越谨慎；我的俸禄越丰厚，我的施舍越广泛。以此来免除三怨，行吗？"

孙叔敖疾，将死，戒其子曰："王亟封我矣[①]，吾不受也。为我死，王则封汝。汝必无受利地！楚越之间有寝丘者[②]，此地不利而名甚恶。楚人鬼而越人禨[③]，可长有者唯此也。"

孙叔敖死，王果以美地封其子。子辞而不受，请寝丘，与之，至今不失。

【注释】

①亟(qì)：屡次。

②寝丘：古地名，在今河南境内。

③禨(jī)：吉祥，祈福禳灾。

【译文】

孙叔敖病重，即将去世，告诫他的儿子说："楚王屡次要封给我土地，我推辞不受。假如我死了，楚王就会封给你。你一定不要接受丰沃肥美的土地！在楚国和越国交界的地方有个寝丘，这片土地无利可图而且名声也不好。楚国人相信鬼神不会要它，越国人祈福祷祥也不会要它，可以长久拥有的唯有这片土地了。”

孙叔敖死后，楚王果然把肥地良田封给他的儿子。他的儿子坚决推辞，不肯接受；请求改封寝丘，楚王便赐给了他，直到现在也没有丧失。

牛缺者，上地之大儒也[1]，下之邯郸[1]，遇盗于耦沙之中[3]，尽取其衣装车，牛步而去。视之欢然无忧悋之色[4]。盗追而问其故。曰：“君子不以所养害其所养。”盗曰：“嘻！贤矣夫！”既而相谓曰：“以彼之贤，往见赵君，使以我为，必困我。不如杀之。”乃相与追而杀之。

燕人闻之，聚族相戒，曰：“遇盗，莫如上地之牛缺也！”皆受教。

俄而其弟适秦。至关下[5]，果遇盗；忆其兄之戒，因与盗力争。既而不如，又追而以卑辞请物。盗怒曰：“吾活汝弘矣[6]，而追吾不已，迹将箸焉[7]。既为盗矣，仁将焉在？”遂杀之，又傍害其党四五人焉[8]。

【注释】

①上地：当为秦国的地名。

②邯郸：古都邑名，战国时赵国都城。故址即今河北邯郸。

③耦(ǒu)沙：水名，在今河北邢台沙河境内。

④悋(lìn)：同“吝”，吝惜。

⑤关：指函谷关，在今河南灵宝东北。

⑥弘：宽宏大量。

⑦箸：同“著”，显露。这里指踪迹败露。

⑧傍：牵连，附带。

【译文】

牛缺是秦国上地的大儒，往东到赵国的都城邯郸去，在耦沙遇上强盗，抢光了他的衣物车马，牛缺便步行而去。看起来丝毫没有忧伤吝惜的神色。强盗追上去问他原因。牛缺说："君子不因为身外之物而损害自己的身心道德。"强盗说："嘻！真贤良啊！"过了一会儿强盗们互相议论道："以他的贤良，去拜见了赵国国君，要是派来对付我们，必定要围困我们。不如杀了他。"于是一起追上去杀死了牛缺。

燕国有人听说此事，就聚集全族人相互告诫说："若是遇上强盗，千万别像上地的牛缺那样！"大家都接受了这一教训。

不久，燕人的弟弟到秦国去。行至函谷关下，果然遇上强盗；他想起哥哥的训诫，就和强盗奋力争夺起来。争夺不过，又追上去低声下气地乞求强盗把抢去的财物归还。强盗勃然大怒，说："我们让你活着已经够宽宏大量了，你还要不停地追我们，踪迹都要暴露了。既然做了强盗，还有什么仁慈之心？"说着就把他杀了，又附带着杀死了他的四五个同伴。

虞氏者，梁之富人也，家充殷盛，钱帛无量，财货无訾①。登高楼，临大路，设乐陈酒，击博楼上②。侠客相随而行。楼上博者射③，明琼张中④，反两㯳鱼而笑⑤。飞鸢适坠其腐鼠而中之⑥。侠客相与言曰："虞氏富乐之日久矣，而常有轻易人之志。吾不侵犯之，而乃辱我以腐鼠。此而不报，无以立慬于天下⑦。请与若等戮力一志⑧，率徒属必灭其家为等伦⑨。"皆许诺。

至期日之夜，聚众积兵以攻虞氏，大灭其家。

【注释】

①訾(zī):度量,估算。

②击博:古代的博戏。用十二棋,六白六黑,又用鱼二枚,两人互掷采行棋而相博。

③射:这里指投琼,即掷骰子。

④明琼张中:掷骰子中了彩。明琼,骰子上有五白齿的一面。

⑤反两榻(tà)鱼:比目鱼。这里指翻两鱼,即连胜两着。

⑥鸢(yuān):鹰。

⑦慬(qín):勇气。

⑧戮力:尽力,协力。

⑨等伦:同辈。这里指等价。

【译文】

有个姓虞的是梁国的富人,家业殷实兴盛,金钱、丝帛难以计数,财宝、货物无法估量。

一天,虞家的人登上高楼,面临大街,设置乐队,摆开酒席,在楼上下棋赌博。有一群侠客正相伴着经过楼下。楼上的赌客掷骰子中彩,因为连胜两着而放声大笑。这时空中飞过的老鹰爪下掉落了一只腐烂的老鼠,恰巧砸中楼下路过的一位侠客。侠客们互相议论着说:“姓虞的富足安乐的日子过得太久,所以常常有轻视别人的念头。我们不去侵犯他,他却拿腐烂的死老鼠来侮辱我们。此仇不报,就没法子在天下树立我们的勇武之名。希望和大家齐心协力,率领各自部下,一定要灭绝他一家才算报仇雪恨。”众侠客都同意了。

到了约定的那天晚上,侠客们召集同伙,纷纷拿着兵器攻打虞家,彻底毁灭了虞氏全家。

东方有人焉曰爰旌目①,将有适也,而饿于道。狐父之盗曰丘②,见而下壶餐以铺之③。爰旌目三铺而后能视,曰:

“子何为者也?”曰:“我狐父之人丘也。”爰旌目曰:“譆!汝非盗耶?胡为而食我?吾义不食子之食也。”两手据地而欧之[4],不出,喀喀然[5],遂伏而死。

狐父之人则盗矣,而食非盗也。以人之盗因谓食为盗而不敢食,是失名实者也。

【注释】

①爰(yuán)旌目:人名。

②狐父:地名,在今安徽境内。

③壶餐:一壶水泡饭。餔(bū):喂食予人。

④欧:通“呕”,呕吐。

⑤喀喀:呕吐的声音。

【译文】

东方有个人,名叫爰旌目,将要去他方,饿倒在路旁。狐父地方的强盗名叫丘,见状便解下随身携带的一壶水泡饭来喂他。爰旌目吃了几口才能张开眼看人,他问道:“你是什么人?”丘答道:“我是狐父地方的人,名叫丘。”爰旌目说:“啊!你不是强盗吗?为什么喂饭给我吃?我是坚决不吃你们强盗的东西的。”说完他两手按在地上呕吐起来,呕不出来,喉咙里喀喀作响,接着就趴在地上死去了。

狐父地方的人虽然是强盗,可食物并非是强盗。因为人是强盗就顺带着把食物也当作强盗而不敢吃,这是弄错了名称与实质的关系。

柱厉叔事莒敖公[1],自为不知己,去,居海上。夏日则食菱芰[2],冬日则食橡栗。莒敖公有难,柱厉叔辞其友而往死之。

其友曰："子自以为不知己，故去。今往死之，是知与不知无辨也。"

柱厉叔曰："不然；自以为不知，故去。今死，是果不知我也。吾将死之，以丑后世之人主不知其臣者也③。"

凡知则死之，不知则弗死，此直道而行者也。柱厉叔可谓怼以忘其身者也④。

【注释】

①柱厉叔：人名。莒(jǔ)敖公：春秋时莒国国君。

②菱芰(jì)：即菱角。

③丑：羞辱。

④怼(duì)：怨恨。

【译文】

柱厉叔事奉莒敖公，自认为不被理解，便离开到海边居住。夏天就吃吃菱角，冬天则嚼嚼橡栗。莒敖公遭遇危难，柱厉叔就向朋友辞行打算拼死为莒敖公效力。

他的朋友说："你自认为不被理解，所以才离开莒敖公。现在却去为他献身，这样理解和不理解的区别就没法分辨了。"

柱厉叔说："不是的；我自认为不被理解，所以离开莒敖公。现在为他献身，可见他果真不理解我。我将为他而死，以此来羞辱后世那些不能理解自己臣子的国君。"

凡是理解自己的人就为他而死，不理解自己的人就不为他付出，这是遵循正道的人们的做法。柱厉叔可谓是一个为了怨恨而不顾惜自己生命的人。

杨朱曰："利出者实及，怨往者害来。发于此而应于外者唯请[①]：是故贤者慎所出。”

【注释】

①请：当作“情”，情感。

【译文】

杨朱说：“将利益施给别人，实惠自会到来；将怨恨发泄给别人，祸害就会降临。从自身发出而能在外界得到反应的，只有内心的情感：所以贤明的人对自己的言行举止十分小心谨慎。”

杨子之邻人亡羊，既率其党[①]，又请杨子之竖追之[②]。

杨子曰：“嘻！亡一羊何追者之众？”

邻人曰：“多歧路。”

既反，问：“获羊乎？”

曰：“亡之矣。”

曰：“奚亡之？”

曰：“歧路之中又有歧焉，吾不知所之，所以反也。”

杨子戚然变容，不言者移时[③]，不笑者竟日[④]。

门人怪之，请曰：“羊，贱畜；又非夫子之有，而损言笑者，何哉？”

杨子不答。门人不获所命。弟子孟孙阳出以告心都子[⑤]。

心都子他日与孟孙阳偕入，而问曰：“昔有昆弟三人，游齐鲁之间，同师而学，进仁义之道而归。其父曰：‘仁义之道若何？’伯曰[⑥]：‘仁义使我爱身而后名。’仲曰[⑦]：‘仁义使我杀身以成名。’叔曰[⑧]：‘仁义使我身名并全。’彼三术相反，而同出于儒。孰是孰非邪？”

杨子曰："人有滨河而居者，习于水，勇于泅，操舟鬻渡⑨，利供百口。裹粮就学者成徒⑩，而溺死者几半。本学泅，不学溺，而利害如此。若以为孰是孰非？"

心都子嘿然而出⑪。

孟孙阳让之曰："何吾子问之迂，夫子答之僻？吾惑愈甚。"

心都子曰："大道以多歧亡羊，学者以多方丧生。学非本不同，非本不一，而末异若是。唯归同反一，为亡得丧。子长先生之门，习先生之道，而不达先生之况也，哀哉！"

【注释】

①党：亲族。

②竖：童仆。

③移时：过了一段时间。

④竟日：整天，整日。

⑤心都子：杨朱的弟子。

⑥伯：指大儿子。

⑦仲：指二儿子。

⑧叔：指三儿子。

⑨鬻(yù)渡：摆渡收钱。指靠着渡船谋生。

⑩裹粮：携带粮食。

⑪嘿(mò)然：沉默的样子。嘿，同"默"。

【译文】

杨朱的邻居丢了一头羊，他领着一家子出去寻找，又请了杨朱的童仆帮忙追寻。

杨朱说："嘻！丢了一头羊怎么要这么多人去追？"

邻居说:“因为有好多岔路。”

他们回来后,杨朱问:“找到羊了吗?”

邻居说:“找不到啦。”

杨朱问:“怎么会找不到呢?”

邻居说:“岔路之中又有岔路,我们不知道它跑到哪儿去了,所以只好回来。”

杨朱听了,脸色变得十分忧愁,好久也没有讲话,整天都不露笑容。

弟子们感到奇怪,问他说:“羊是低贱的牲畜,而且又不是先生的羊,可您却不说不笑,为什么呢?”

杨朱没有回答。弟子们便得不到先生的指教。弟子孟孙阳出门后把这事告诉了心都子。

心都子过了几天和孟孙阳一起进屋,向杨朱问道:“从前有兄弟三人,在齐鲁两国游学,拜的是同一位先生,将仁义之道修习完毕方才回家。他们的父亲问:‘仁义之道是什么样的?’大儿子说:‘仁义让我首先爱惜生命而把名誉放在次要的位置。’二儿子说:‘仁义使我不惜用生命的代价来成就荣誉。’三儿子说:‘仁义教会我同时保全生命与名誉。’他们三人的观点完全相反,却同样出自儒家。谁对谁错呢?”

杨朱说:“有人靠着河边居住,熟习水性,善于泅渡,靠着撑船摆渡营生,收入可以供养一百口人。背着粮食来向他学习的人成群结队,可其中淹死的几乎占到一半。本来是学游泳的,不是来学溺死的,可结果利害反差竟是这样大。你觉得怎样算对怎样算错呢?”

心都子默不作声地走了出来。

孟孙阳责备他说:“你怎么问得那么拐弯抹角,先生又答得那么稀奇古怪?我愈发迷惑了。”

心都子说:“大道因为有太多岔道而使羊丢失,治学的人因为有太多途径方法而迷失了方向。各类学说并非根源不同,并非根本观点不一致,而结论却相差悬殊。只有回归到相同的本原上去,返回到一致的观点上去，才不会迷失方向。你是先生的大弟子，修习先生的思想，却不明白先生的比喻，真可悲啊！”

杨朱之弟曰布，衣素衣而出[①]。天雨，解素衣，衣缁衣而反[②]。其狗不知，迎而吠之。杨布怒，将扑之。杨朱曰：“子无扑矣！子亦犹是也。向者使汝狗白而往，黑而来，岂能无怪哉？”

【注释】

①衣素衣：穿白衣服。第一个“衣”作动词用，意为穿衣服。

②缁（zī）衣：黑衣服。

【译文】

杨朱的弟弟叫杨布，一天他穿着白衣服出门去。天下雨了，他就脱掉白衣服，穿着黑衣服回来了。家里的狗认不出来，迎上去对着他狂叫。杨布十分生气，要追打它。杨朱说：“你不要打它了！你也是这样的。假使先前让你的狗白着出去，黑着回来，难道你能不觉得奇怪吗？”

杨朱曰：“行善不以为名，而名从之；名不与利期[①]，而利归之；利不与争期，而争及之：故君子必慎为善。”

【注释】

①期：相约。

【译文】

杨朱说：“做善事不是为了求名，而名誉却随之而来；名誉不曾与利益相约，而利益却归附而来；利益不曾与争斗相约，而争斗却会自己到来：所以，君子做善事务必要小心谨慎。”

昔人言有知不死之道者，燕君使人受之[1]，不捷[2]，而言者死。燕君甚怒，其使者将加诛焉。幸臣谏曰[3]："人所忧者莫急乎死，己所重者莫过乎生。彼自丧其生，安能令君不死也？"乃不诛。

有齐子亦欲学其道，闻言者之死，乃抚膺而恨。富子闻而笑之曰："夫所欲学不死，其人已死而犹恨之，是不知所以为学。"

胡子曰："富子之言非也。凡人有术不能行者有矣，能行而无其术者亦有矣。卫人有善数者，临死，以决喻其子[4]。其子志其言而不能行也。他人问之，以其父所言告之。问者用其言而行其术，与其父无差焉。若然，死者奚为不能言生术哉[5]？"

【注释】

①受：受业，从师学习。

②捷：成功。

③幸臣：即宠臣，君王身边最宠信的臣子。

④决：通"诀"，诀窍，方法。

⑤生术：长生不死的道术。

【译文】

从前有个人，自称通晓长生不死的道术，燕国国君派人受业于他，还没成功，说那话的人就死了。燕国国王非常生气，眼看那派去的使者就要被处死。身边的宠臣劝谏他说："人最担忧的事没有比死亡更急迫的了，自己所看重的没有比生命更重要的。那个人自己都丢了命，又怎么能让君王长生不死呢？"使者这才被赦免。

有个叫齐子的，也想学那人长生不死的道术，听说他死了，就捶胸顿足大为遗憾悔恨。富子听说了就嘲笑他说："你想要学的是不死，那个人自己都死了，你还要追悔莫及，简直不知道自己要学的是什么。"

胡子评论道："富子的话错了。一般来说，掌握道术而不会施行的人是存在的，能够实行却不明白道术的人也是存在的。卫国有个擅长术数的人，快要死的时候，把要诀传授给他的儿子。他的儿子牢记他的话却不会使用。别人问起来，他就把父亲的话告诉那人。问话的人依着他的传授进行术数，和他父亲没什么差别。如果是这样，那个死去的人为什么就不能懂得长生不死的道术呢？"

邯郸之民以正月之旦献鸠于简子[1]，简子大悦，厚赏之。客问其故。简子曰："正旦放生，示有恩也。"

客曰："民知君之欲放之，故竞而捕之，死者众矣。君如欲生之，不若禁民勿捕。捕而放之，恩过不相补矣。"

简子曰："然。"

【注释】

①正月之旦：正旦，即正月初一。简子：赵简子，即赵鞅，春秋末晋国正卿。

【译文】

邯郸民众在正月初一那天向赵简子进献斑鸠，赵简子非常高兴，重赏了他们。

有门客问他其中的缘故。简子说："正月初一放生，表示对生命有恩德。"

门客说："人们知道您想要放生，就抢着去捉斑鸠，被弄死的斑鸠反而多了。您如果真想让那些斑鸠活下去，还不如禁止人们去捕捉。捉来了又放回去，放生的恩德终究补偿不了伤生的罪过。”

简子说：“说的是。”

齐田氏祖于庭[①]，食客千人。中坐有献鱼雁者[②]，田氏视之，乃叹曰：“天之于民厚矣！殖五谷，生鱼鸟，以为之用。”众客和之如响。

鲍氏之子年十二，预于次[③]，进曰：“不如君言。天地万物与我并生，类也。类无贵贱，徒以小大智力而相制，迭相食；非相为而生之。人取可食者而食之，岂天本为人生之？且蚊蚋噆肤[④]，虎狼食肉，非天本为蚊蚋生人、虎狼生肉者哉？”

【注释】

①祖：古人出行时祭祀路神，引申为设宴送行。

②雁：这里指鹅。

③预于次：指参与宴会。次，位次。

④噆（cǎn）：叮，咬。

【译文】

齐国的田氏在厅堂上设宴祭祖，赴宴宾客多达千人。坐席中有人进献鱼和鹅，田氏看了，就感叹说：“上天对待下民真是优厚！它繁殖五谷，生养鱼鸟，以供人们享用。”众位宾客像回声一般纷纷应和他。

鲍家的孩子年仅十二，也来参加宴会，他进言道：“不像您说的。天地万物与我们共同生存，各成其类。类与类之间并没有高低贵贱的差别，仅仅是凭着个头大小、智慧以及体力的不同而相互制约，更迭相食；并没有谁为谁存在的道理。人不过是拿了可以吃的东西来吃，怎么会是上天为了人类而特意生养这些生命呢？况且蚊虫叮咬人的皮肤，虎狼吞噬人的骨肉，莫非上天本是为了蚊虫而生出人来、为了虎狼提供人肉的吗？”

齐有贫者，常乞于城市。城市患其亟也[①]，众莫之与。遂适田氏之厩，从马医作役而假食[②]。郭中人戏之曰：“从马医而食，不以辱乎？”乞儿曰：“天下之辱莫过于乞。乞犹不辱，岂辱马医哉？”

【注释】

①亟（qì）：屡次。

②假食：寄食，意谓混饭吃。

【译文】

齐国有个穷人，常常在城里的集市上乞讨。集市上的人厌恶他屡次三番的打扰，大家都不再施舍给他。于是来到田家的马厩，跟着马医干点杂活来混口饭吃。城里人嘲弄他说：“跟着马医混饭吃，不觉得耻辱吗？”乞儿说：“天下的耻辱莫过于乞讨。我乞讨时尚且不觉得耻辱，难道替马医打杂还会觉得耻辱吗？”

宋人有游于道、得人遗契者[①]，归而藏之，密数其齿[②]。告邻人曰：“吾富可待矣。”

【注释】

①遗：弃。这里指作废。契：契据。

②齿：古人刻木为契，符左契右，相与合齿。

【译文】

宋国有个人在大路上闲逛，拣到一片别人丢掉的废契，拿回家藏了起来，还暗暗细数着契据上的齿印。他告诉邻居说："我发财的日子就要到啦。"

人有枯梧树者，其邻父言枯梧之树不祥①，其邻人遽而伐之②。邻人父因请以为薪。其人乃不悦，曰："邻人之父徒欲为薪而教吾伐之也。与我邻，若此其险，岂可哉？"

【注释】

①邻父：邻居家的老头。

②遽（jù）：骤然，急。

【译文】

有个人的梧桐树枯萎了，邻居家的老头说，枯萎的梧桐树是不祥之物，他立刻将枯树砍了下来。邻家老头于是求取砍下来的树枝当柴烧。那人便很不高兴，说："邻家老头只是想要柴火才教我把树砍了的。和我比邻而居，却这样阴险，做人难道可以这样吗？"

人有亡𫓧者①，意其邻之子②，视其行步，窃𫓧也；颜色③，窃𫓧也；言语，窃𫓧也；动作态度无为而不窃𫓧也。俄而抇其谷而得其𫓧④，他日复见其邻人之子，动作态度无似窃𫓧者。

【注释】

①𫓧（fǔ）：通"斧"，斧子。

②意：怀疑。

③颜色：这里指神色。

④抇（hú）：同"搰"，挖掘。

【译文】

有个人丢了一把斧头，怀疑是邻居家的孩子偷的，看那孩子走路，像是偷斧头的；面目神色，像是偷斧头的；说话语调，像是偷斧头的；动作态度没有一样不像偷斧头的人。不多久，这个人去山里挖土时找到了自己的斧头，改天再见到邻居家的孩子，动作态度，丝毫不像是偷斧头的人。

白公胜虑乱①，罢朝而立，倒杖策②，錣上贯颐③，血流至地而弗知也。

郑人闻之曰："颐之忘，将何不忘哉？"

意之所属箸④，其行足蹶株坎⑤，头抵植木⑥，而不自知也。

【注释】

①虑乱：谋划叛乱。

②杖策：驱马棍。

③錣（zhuì）：驱马棍上端的针刺。颐：面颊。

④属箸：专注。箸，同"著"，固定。

⑤蹶（zhì）：被绊倒。株：露出地面的树根、树干、树桩。坎：坑，地洞。

⑥植木：树干。

【译文】

白公胜满心谋划着叛乱的事，散朝后，仍然站在原地不动，他手中倒持着驱马用的杖策，杖端的针刺戳穿了他的面颊，鲜血直淌到地上，而他却毫无知觉。

郑国人听闻此事，说："自己的脸面都忘记了，还有什么忘不掉的呢?”

只要意念专注集中,即使走路时脚绊着树根,腿崴进凹坑,脑袋撞到树干上,自己也不会知道。

昔齐人有欲金者,清旦衣冠而之市①,适鬻金者之所②,因攫其金而去③。吏捕得之,问曰:“人皆在焉,子攫人之金何?”对曰:“取金之时,不见人,徒见金。”

【注释】

①衣冠:穿好衣服戴好帽子,意谓穿戴整齐。

②鬻(yù):卖。

③攫(jué):夺取。

【译文】

从前齐国有个想得到金子的人,清早起来穿戴整齐后赶往市集,走进卖金子的店堂里,顺手抓起一块金子就跑开去。官吏捕获了他,问他:“大家都在那儿,你抢人家金子干什么?”那人答道:“拿金子的时候,没看见人,光看见金子了。”

中华经典名著
全本全注全译丛书
（已出书目）

周易
尚书
诗经
周礼
仪礼
礼记
左传
春秋公羊传
春秋穀梁传
孝经·忠经
论语·大学·中庸
尔雅
孟子
春秋繁露
说文解字
释名
国语
晏子春秋
穆天子传
战国策
史记
吴越春秋
越绝书
华阳国志
水经注
洛阳伽蓝记
大唐西域记
史通
贞观政要
东京梦华录
唐才子传
廉吏传
徐霞客游记
读通鉴论
宋论
文史通义

老子

道德经

鹖冠子

黄帝四经·关尹子·尸子

孙子兵法

墨子

管子

孔子家语

吴子·司马法

商君书

慎子·太白阴经

列子

鬼谷子

庄子

公孙龙子(外三种)

荀子

六韬

吕氏春秋

韩非子

山海经

黄帝内经

素书

新书

淮南子

九章算术(附海岛算经)

新序

说苑

列仙传

盐铁论

法言

方言

潜夫论

政论·昌言

风俗通义

申鉴·中论

太平经

伤寒论

周易参同契

人物志

博物志

抱朴子内篇

抱朴子外篇

西京杂记

神仙传

搜神记

拾遗记

世说新语

弘明集

齐民要术

刘子

颜氏家训

中说

帝范·臣轨·庭训格言
坛经
大慈恩寺三藏法师传
茶经·续茶经
玄怪录·续玄怪录
酉阳杂俎
化书·无能子
梦溪笔谈
北山酒经(外二种)
容斋随笔
近思录
传习录
焚书
菜根谭
增广贤文
呻吟语
了凡四训
龙文鞭影
长物志
天工开物
溪山琴况·琴声十六法
温疫论
明夷待访录·破邪论
陶庵梦忆
西湖梦寻
幼学琼林
笠翁对韵
声律启蒙
老老恒言
随园食单
阅微草堂笔记
格言联璧
曾国藩家书
曾国藩家训
劝学篇
楚辞
文心雕龙
文选
玉台新咏
词品
闲情偶寄
古文观止
聊斋志异
唐宋八大家文钞
浮生六记
三字经·百家姓·千字文·弟子规·千家诗
经史百家杂钞